MÁS ALLÁ

Publicado por
Editorial Unilit
Miami, Fl. 33172
Derechos reservados

© 2010 Editorial Unilit (Spanish translation)
Primera edición 2010

© 2007 por Greg Laurie
Originalmente publicado en inglés con el título:
Beyond por Greg Laurie.
Publicado por *Multnomah Books*, un sello de
The Crown Publishing Group, una división de Random House, Inc.,
12265 Oracle Boulevard, Suite 200, Colorado Springs, Colorado 80921 USA

Publicado en español con permiso de Multnomah Books, un sello de
The Crown Publishing Group, una división de Random House, Inc.
(This translation published by arrangement with Multnomah Books, an imprint
of *The Crown Publishing Group*, a division of Random House, Inc.)
Todos los derechos de publicación con excepción del idioma inglés son contratados
exclusivamente por GLINT, P. O. Box 4060, Ontario, California 91761-1003, USA.
(All non-English rights are contracted through: Gospel Literature International,
PO Box 4060, Ontario, CA 91761-1003, USA.)

Traducción: Rojas & Rojas Editores, Inc.
Ilustraciones de la portada: ©2010 Kurt Tutschek, ©2010 Anthro, ©2010 Can Balcioglu,
©2010 Pokaz, ©2010 Danilo Moura. ShutterStock.com.
Usadas con la autorización de Shutterstock.com.

A menos que se indique lo contrario, el texto bíblico ha sido tomado de la versión
Reina Valera © 1960 Sociedades Bíblicas en América Latina; © renovado 1988 Sociedades
Bíblicas Unidas. Utilizado con permiso. Reina-Valera 1960® es una marca registrada de la
American Bible Society, y puede ser usada solamente bajo licencia.
Las citas bíblicas señaladas con NVI se tomaron de la Santa Biblia, *Nueva Versión Internacional*.
© 1999 por la Sociedad Bíblica Internacional.
Las citas bíblicas señaladas con TLA se tomaron de la *Biblia para todos*, © 2003. Traducción en
lenguaje actual, © 2002 por las Sociedades Bíblicas Unidas.
El texto bíblico indicado con «NTV» ha sido tomado de la *Santa Biblia*, Nueva Traducción
Viviente, © Tyndale House Foundation 2008, 2009, 2010. Usado con permiso de Tyndale
House Publishers, Inc., 351 Executive Dr., Carol Stream, IL 60188, Estados Unidos de
América. Todos los derechos reservados.
Las citas bíblicas señaladas con LBLA se tomaron de la Santa Biblia, *La Biblia de Las Américas*.
© 1986 por The Lockman Foundation.
Utilizado con permiso.

Las cursivas en los pasajes bíblicos reflejan el énfasis añadido por el autor.

Producto 495580 • ISBN 0-7899-1617-7 • ISBN 978-0-7899-1617-4

Impreso en Colombia /Printed in Colombia

Categoría: Inspiración / Motivación / Devocional
Category: Inspiration / Motivational / Devotionals

GREG LAURIE

MÁS ALLÁ

Miami, 6/17/2012.

Para Juan Pablo con mucho
amor en Cristo, estoy confiando
que lo vas a leer cada día y la
Palabra te la gravará en tu corazón el Espíritu Santo de Dios. ella
misma, la Biblia dice: "Mi Palabra
no volverá vacía".

_____ Cariños y bendiciones tu suegra.

Belkis.

Y a Aquel que es poderoso para hacer todas
las cosas mucho más abundantemente de lo
que pedimos o entendemos, según el poder
que actúa en nosotros, a él sea gloria...

EFESIOS 3:20-21

PARA EMPEZAR

¿Estás contento con tu manera de ser actual? ¿O hay cosas de tu vida que quisieras ver alteradas de manera dramática? ¿Hay limitaciones y obstáculos que quisieras superar, en especial en tu relación con Dios? ¿Sientes que necesitas acercarte más a Dios?

Eso es lo que quiero ayudarte a hacer en este libro. Quiero ayudarte a edificar tu relación con Dios al dejarte ver lo que dice su Palabra sobre las cosas a las cuales te enfrentas y en las cuales piensas cada día. Cosas como relaciones, asuntos familiares, vencer a la tentación y soportar las adversidades.

Nuestro manual para la vida

Como es nuestra fuente de la verdad de Dios, la Biblia sirve para muchos propósitos. Como mensaje de redención de Dios, nos dice cómo podemos conocerle y llegar a tener una relación con Él. Y una vez que hemos comenzado esa relación, la Biblia es también nuestro manual para vivir la vida de una manera que agrada a Dios. Pasar tiempo con la Biblia preparará tu corazón para cualquier cosa a la que tengas que hacer frente durante el día. Ayudará a mantener nuestra relación con Él saludable y fuerte, exenta de fallos, sin importar lo que nos pase.

Me encantan los dispositivos electrónicos. Sin embargo, detesto leer los manuales. Como resultado, tengo una buena cantidad de dispositivos electrónicos que no funcionan.

Nuestras vidas pueden ser así también. Piensa en cuántas cosas nos han salido mal por no tomarnos el tiempo para leer las instrucciones del manual que nos ha dado Dios, llamado la Biblia. La Biblia es la Palabra de Dios y se debe confiar en ella cuando la usemos para guiar nuestra vida.

Por tanto, permite que este libro te ayude a separar un tiempo diario para la Palabra de Dios, a hacer de esto la máxima prioridad en tu rutina, de manera que puedas descubrir para ti mismo la fortaleza, el poder y el aliento que Dios quiere poner a tu disposición.

La estructura de este libro

A medida que uses este libro día tras día, puedes hacer lo siguiente en cada una de las lecturas diarias:

1. Después de estar solo, callado y tranquilo, lee mi breve comentario que inicia la selección de cada día.

2. Medita en los textos bíblicos o en las preguntas resaltadas en letras cursivas.

3. Reflexiona con cuidado en cada versículo bíblico que está bajo el encabezamiento: «La invitación del Señor a su pueblo». Pregúntate: *¿Qué significado tiene esto para mi vida?* Ese versículo bíblico por lo general es un mandamiento directo de Dios y ponerle como título que es una «invitación» no significa que sea nada más que una sugerencia suya. Sigue siendo un mandamiento de Dios, y la obediencia es la única respuesta digna y apropiada. Pero no olvides que esa obediencia es la puerta hacia una relación más fuerte con Dios y hacia todas las experiencias maravillosas que vendrán con ella. Dios te invita a que vayas más allá de tus limitaciones y aridez espiritual presentes. Los mandamientos de Dios no siempre tienen sentido para nosotros, pero es importante que los obedezcamos nos guste o no, estemos de acuerdo o no.

4. Ora. No hay necesidad de palabras rebuscadas ni que suenen religiosas; solo habla honestamente con Dios. (Puedes usar las guías que verás bajo el título «Con Dios en oración»). Concéntrate en especial en tener un corazón agradecido y en expresar tu sincera gratitud a Dios. (¡Siempre habrá algo nuevo cada día por lo cual estarle agradecido!)

5. Mientras te dedicas a meditar y orar, considera las sugerencias que encontrarás bajo el título que comienza con las palabras «Muévete más allá» (el resto del título es diferente para cada día). Estas sugerencias siempre estarán relacionadas con hacer algo concreto con respecto a lo

que Dios te invita a hacer. Toma con sinceridad el hecho de que Dios no quiere que seas un oidor olvidadizo, sino un hacedor de su Palabra, y entusiásmate con la promesa de que todo el que haga eso «será bienaventurado en lo que hace» (Santiago 1:25).

6. A medida que el Espíritu Santo de Dios te traiga a la mente más reflexiones, puntos de aplicación y cosas por las cuales orar, puedes escribirlas en el espacio que aparece al final de la lectura de cada día. Si desarrollas el hábito de escribir algo ahí cada día, este libro se convertirá en un poderoso registro de tu jornada espiritual durante esta época de tu vida y siempre será un tremendo aliento personal regresar a revisar lo que Dios ha hecho.

Encontrarás aquí suficientes lecturas diarias para un semestre completo, con textos para cada día laboral de la semana más una para el fin de semana.

Espero que a medida que avances por estas lecturas le pidas al Señor que te muestre cómo es que Él quiere cambiar tu vida día por día. Mi oración por ti es que el Espíritu Santo haga brillar su luz poderosa en tu corazón, te muestre cualquier área que debas mejorar, y te llene de esperanza y aliento para la aventura de seguir al Señor toda la vida.

EL PODER DE LA IMPARTICIÓN

Quizá como muchas otras personas, haces resoluciones audaces cada vez que se aproxima un año nuevo. Haces planes con respecto a cambios que quieres experimentar en el año entrante. Pero no pasa mucho tiempo antes que olvides esas buenas resoluciones.

Como cristianos, con frecuencia quedamos derrotados en la vida cotidiana porque en realidad no entendemos cuántos recursos Dios ha puesto en nuestra cuenta espiritual. Muchas veces oramos: *Dios, ayúdame; dame esto, dame lo otro.* Mientras tanto, Dios está diciendo: *¿Por qué no vas y revisas tu cuenta? He depositado más ahí de lo que jamás pudieras llegar a usar. Examínalo.*

¿Puedes imaginar a un soldado tratando de pelear una batalla sin municiones al mismo tiempo que está sentado encima de un fortín lleno de miles y miles de municiones, más de lo que jamás pudiera usar en mil guerras? Tiene más de lo que necesita ahí mismo debajo de él, mientras trata de pelear la batalla sin ello.

> El pecado ya no es más su amo, porque ustedes ya no viven bajo las **exigencias** de la ley. En cambio, viven en la libertad de la **gracia** de Dios [...] pero ahora quedaron libres del poder del pecado y se han hecho esclavos de Dios.
>
> ROMANOS 6:14, 22, NTV

Las razones de nuestras derrotas en las batallas contra el pecado y la tentación están en nuestra ignorancia de los hechos. En Jesucristo tenemos el poder para vivir una nueva vida y dejar de estar bajo el dominio del pecado. Ese poder no está en la imitación; viene de la impartición. Podemos esforzarnos lo más que podamos a imitar a Jesús y ser como Él, pero nunca lo lograremos por medio de nuestros esfuerzos. La victoria solo viene a la vez que Él nos imparte su vida por medio del Espíritu Santo. Y veremos cuántos recursos Él ha puesto en pleno a nuestra disposición a través de su Espíritu que mora en nosotros.

Dios ha hecho algo por ti y ahora es tiempo de que te apropies de esa provisión divina.

La invitación del Señor a su pueblo

Y vestíos del nuevo hombre, creado según Dios
en la justicia y santidad de la verdad.

Efesios 4:24

Con Dios en oración

Dale gracias porque ahora en Cristo Jesús estás libre de la esclavitud del pecado y por su gracia puedes vivir en victoria.

Muévete más allá de la derrota

Sé audaz y confía en el poder del Señor para ayudarte a vencer la tentación y el pecado. ¿En qué área de la vida Él quiere que crezcas hoy por medio de su poder en justicia y pureza?

Tus reflexiones... aplicación a tu vida... tus motivos de oración...

A TRAVÉS DE LA TORMENTA

A veces podemos pensar que cuando estamos en la voluntad de Dios, nuestra vida será fácil. Pero muchas veces es todo lo contrario. Se cierran puertas en nuestra cara. Aparecen obstáculos en nuestro camino. Se forman tormentas que amenazan con apartarnos de nuestro rumbo.

Por eso es que debemos recordar que hay un diablo que desea impedir que hagamos lo que Dios quiere.

Cuando Pablo avanzaba para hacer la voluntad de Dios, se encontraba con tiempos difíciles. Por ejemplo, cuando estaban cruzando el mar para llevarlo a Roma, una gran tormenta se levantó y causó que otros en el barco comenzaran a perder la esperanza de sobrevivir. Pero no había obstáculo lo suficiente grande como para detener a Pablo. Él siempre parecía levantarse por encima de sus circunstancias. Mientras soportaba la tormenta, sabía que Dios le había mostrado lo que debía hacer, y no dejó que nada impidiera su curso.

> Así que ¡**ánimo**, señores! Confío en Dios
> que sucederá tal y como se me dijo.
> HECHOS 27:25, NVI

Con frecuencia, cuando llega un momento duro, cuando nos golpea una crisis, cuando nos sacude una tragedia, queremos una salida. Le pedimos a Dios un puente aéreo para evacuarnos de nuestros problemas. Pero muchas veces Dios quiere que aprendamos en medio de esas dificultades y en especial acerca de su amor por nosotros:

> ¿Quién nos separará del amor de Cristo? ¿Tribulación, o angustia, o persecución, o hambre, o desnudez, o peligro, o espada? [...] Antes, en todas estas cosas somos más que vencedores por medio de aquel que nos amó.
>
> ROMANOS 8:35, 37

Observa la frase «todas estas cosas». Este pasaje no está diciendo que no enfrentaremos algunas de estas luchas, sino que en ellas somos «más que vencedores».

Si estás buscando obedecer al Señor, espera oposición. Espera obstáculos. Espera dificultades. Pero espera también que Dios te acompañe hasta el final.

La invitación del Señor a su pueblo

Espera en Dios.

SALMO 42:11

Con Dios en oración

Pregúntale lo que Él quiere que aprendas de cualquier dificultad con la que ahora te enfrentas. Y alábale por la manera en que Él te guiará en triunfo a través de estos obstáculos.

Muévete más allá de la desesperanza

¿Cuáles son los pasos específicos de acción que Dios te muestra que debes dar, en vistas de sus circunstancias o dificultades actuales? Haz hoy lo que sabes que Él quiere que hagas y confíale a Él los resultados.

Tus reflexiones... aplicación a tu vida... tus motivos de oración...

PERSONAS QUE ALCANZAN A OTRAS PERSONAS

Vale la pena observar que en el Nuevo Testamento vemos que nadie viene a la fe sin la intervención de otro ser humano. ¿Te has detenido a pensar en eso?

Podemos hallar ejemplo tras ejemplo. Considera el eunuco etíope de Hechos 8:26-39. Había muchas formas en que Dios podía haber alcanzado a este hombre de un país lejano. Pudiera haber enviado a un ángel a encontrarle; en cambio, el Señor envió un ángel a Felipe y este envió a Felipe a ver al etíope. Felipe obedeció. Fue y proclamó el Evangelio a ese hombre, y el etíope creyó.

> Así que, somos embajadores en nombre de **Cristo**, como si Dios **rogase** por medio de nosotros.
>
> 2 CORINTIOS 5:20

También está el carcelero filipense de Hechos 16:27-34. Dios podía haberlo alcanzado sin la ayuda humana. Sin embargo, permitió que echaran a Pablo y Silas en su cárcel. De estos dos prisioneros, el carcelero escuchó el Evangelio, y él y su familia llegaron a creer.

Pienso también en Cornelio en Hechos 10, un centurión en busca de Dios. Un ángel le dijo que debía conocer a alguien llamado Simón Pedro y el ángel le explicó dónde encontrarlo. Interesante. El ángel podía haberle presentado el Evangelio. En cambio, Dios decidió usar a Simón Pedro.

Así que la fe viene como resultado de oír el mensaje,
y **el mensaje** que se oye es la palabra de Cristo.

ROMANOS 10:17, NVI

¿Y que de Saulo (luego el apóstol Pablo) en Hechos 9? Aunque es cierto que se convirtió a través de un encuentro con Cristo en el camino a Damasco, Dios envió a Ananías a confirmar esto con Saulo y a orar para que recibiera el poder del Espíritu Santo.

Así que ya ves, Dios usa a las personas. Y quiere usarte a ti.

La invitación del Señor a su pueblo

Compórtense sabiamente con los que no creen en Cristo, aprovechando al máximo cada momento oportuno.

COLOSENSES 4:5, NVI

Con Dios en oración

Pídele que te muestre con claridad las personas en cuyas vidas Él quiere que inviertas tu tiempo y energía.

Muévete más allá de sentirte inútil

Dios quiere usarte en las vidas que están a tu alrededor y no creen. ¿Quiénes son? ¿Qué puedes hacer por ellos hoy? ¿Cuándo puedes hablarles del Evangelio?

Tus reflexiones... aplicación a tu vida... tus motivos de oración...

CUANDO DUDAMOS

Oswald Chambers dijo: «La duda no es siempre una indicación de que un hombre esté equivocado. Puede ser una señal de que está pensando». Hay una diferencia entre la duda y la incredulidad. La duda es una cuestión de la mente. La incredulidad es una cuestión del corazón. La duda es cuando no podemos entender lo que Dios está haciendo ni por qué lo hace. La incredulidad es cuando rehusamos creer la Palabra de Dios y hacer lo que nos dice que hagamos. No debemos confundir las dos cosas.

¿Recuerdas los discípulos desanimados en el camino a Emaús en Lucas 24? En sus mentes, Jesús había fallado en su misión y lo habían crucificado. Jesús se unió a ellos en ese camino y comenzó a hablar con ellos. Después dijeron: «¿No ardía nuestro corazón mientras conversaba con nosotros en el camino y nos explicaba las Escrituras?» (Lucas 24:32, NVI). Dios trató con las dudas de ellos a través de su Palabra.

> ¡Hombre de poca **fe**! ¿Por qué dudaste?
> JESÚS, EN MATEO 14:31

Dios tratará con tus dudas por medio de su Palabra. Cuando te enfrentes a la duda, no es tiempo de cerrar la Biblia. Es tiempo de abrirla y dejar que Dios te hable.

Quizá has tenido dudas sobre los caminos de Dios en tu vida. Tal vez te has estado preguntando mucho ¿por qué? últimamente. Quizá el momento escogido de Dios no te parece tener sentido. Confía en que todo se va a resolver aquel día final cuando estemos delante de Dios. Como dice Pablo:

Ahora vemos todo de manera imperfecta, como reflejos desconcertantes, pero luego veremos todo con perfecta claridad. Todo lo que ahora conozco es parcial e incompleto, pero luego conoceré todo por completo, tal como Dios ya me conoce a mí completamente.

1 CORINTIOS 13:12, NTV

Dios no nos pide que lo entendamos todo. Nos pide que confiemos en Él y le sigamos.

La invitación del Señor a su pueblo

Y si alguno de vosotros tiene falta de sabiduría, pídala a Dios, el cual da a todos abundantemente y sin reproche, y le será dada.
Pero pida con fe, no dudando nada; porque el que duda es semejante a la onda del mar, que es arrastrada por el viento y echada de una parte a otra.

SANTIAGO 1:5-6

Con Dios en oración

Sé sincero con Él con respecto a cualquier duda que estés experimentando ahora.

Muévete más allá de la duda

Para ayudarte a vencer la duda, ¿cuáles son las verdades acerca de Dios y su carácter que más necesitas recordar?

Tus reflexiones... aplicación a tu vida... tus motivos de oración...

UNA CUESTIÓN DEL CORAZÓN

Es fascinante observar cómo Jesús trataba con las diferentes personas. Nunca trató con dos individuos de la misma manera. Esto es porque miraba más allá de las apariencias externas y veía el corazón.

Cuando una persona de veras buscaba a Dios y era pertinente un milagro, Jesús lo realizaba. Hubo numerosos milagros que Él hizo por personas heridas y buscadoras como el ciego Bartimeo, o el centurión cuyo siervo estaba enfermo de muerte, o la mujer enferma que había gastado todo en doctores y necesitaba un milagro, o los diez leprosos que fueron a Él en busca de su toque limpiador.

> Me buscarán y me **encontrarán**, cuando me **busquen** de todo corazón.
>
> JEREMÍAS 29:13, NVI

Pero cuando algunos vinieron a Jesús con los motivos equivocados, la historia cambiaba. Es más, en algunas ocasiones, ni siquiera se reveló a ellos, como en este caso:

> Estando en Jerusalén en la fiesta de la pascua, muchos creyeron en su nombre, viendo las señales que hacía. Pero Jesús mismo no se fiaba de ellos, porque conocía a todos, y no tenía necesidad de que nadie le diese testimonio del hombre, pues él sabía lo que había en el hombre.
>
> JUAN 2:23-25

Aquí estaban estas personas que creían después de haber visto los milagros de Jesús, pero Él no se «fiaba» de ellos. Eso parece bien extraño ¿no? Pero consideremos lo que significa la palabra *fiar*: Confiarle algo a alguien. Jesús no les confiaba su verdad a estas personas. Si hubieran sido verdaderos buscadores, Jesús se hubiera revelado a ellos.

Estas personas no lo buscaban de todo corazón. Solo estaban emocionados por los milagros que Jesús había hecho. Por lo tanto, Jesús no se fiaba de ellos.

La invitación del Señor a su pueblo

Buscad a Jehová mientras puede ser hallado,
llamadle en tanto que está cercano.

ISAÍAS 55:6

Con Dios en oración

Dale gracias a Dios por ser tan abierto y sensible con todos los que le buscan de verdad.

Muévete más allá de sentirte lejos de Dios

¿Qué puedes hacer hoy para buscar a Dios sin reservas?

Tus reflexiones... aplicación a tu vida... tus motivos de oración...

CUANDO DIOS PARECE DESILUSIONARNOS

¿Te ha pasado algo alguna vez que te haya hecho decir: «¿Dónde está Dios?». Alguien, ni más ni menos que el profeta más grande que haya vivido, Juan el Bautista, enfrentó esta misma lucha.

Juan lo había arriesgado todo por Jesucristo. Había bautizado a Jesús en el río Jordán. Había dirigido a sus propios discípulos hacia Jesús, quien él creía que era el Mesías. Estaba claro que Juan había comprometido toda su lealtad a Jesús.

Entonces ocurrieron una extraña serie de sucesos que resultaron en que se arrestara a Juan. En un momento estaba predicando a las multitudes y bautizando; en el siguiente momento estaba encarcelado. Y mientras estaba ahí, el gran Juan el Bautista comenzó a alimentar algunas dudas en cuanto a Jesús. Por lo que envió a sus discípulos a Él con esta pregunta básica: «¿Eres en verdad Aquel quien hemos estado esperando? ¿O debemos esperar a otro?».

> Juan el Bautista, quien estaba en prisión, oyó acerca de todas las cosas que hacía el **Mesías**. Entonces envió a sus discípulos para que le preguntaran a **Jesús**:
>
> —¿Eres tú el Mesías a quien hemos esperado o debemos seguir buscando a **otro**?
>
> MATEO 11:2-3, NTV

Los discípulos de Jesús por lo común creían (igual que Juan) que Jesús establecería su Reino en ese momento y en ese lugar. Pero no reconocieron que antes que Cristo estableciera su Reino, primero sufriría y moriría por los pecados de la humanidad. Juan había entendido mal las profecías de las Escrituras y por lo tanto pensaba que Jesús no estaba haciendo lo que debía hacer.

A veces, nosotros también entendemos mal a Dios y a su Palabra cuando Él no hace lo que creemos que debe hacer, o cuando no obra con la rapidez que quisiéramos que obrara. Pero aun cuando no entendamos los caminos de Dios, sus métodos o su concepto del tiempo, nos sigue pidiendo que confiemos en Él. Y Él es digno de confianza.

La invitación del Señor a su pueblo

Entrega al SEÑOR todo lo que haces;
confía en él, y él te ayudará.

SALMO 37:5, NTV

Con Dios en oración

Si hay algo en cuanto a su manera de tratar contigo que no entiendes, confiésalo y reconoce que Él sabe lo que es mejor y que todos sus caminos son buenos y correctos.

Muévete más allá de la desilusión con Dios

Encomienda cada parte de tu vida a Él, incluso en particular esas esferas en las que el tiempo o los métodos te son difíciles de aceptar.

Tus reflexiones... aplicación a tu vida... tus motivos de oración...

EL MENSAJE PROCLAMADO

Se supone que las buenas nuevas de Jesucristo se proclamen, que se prediquen. Como dijo Pablo sobre los que necesitaban salvación: «¿Cómo creerán en aquel de quien no han oído? ¿Y cómo oirán sin haber quien les predique?» (Romanos 10:14). Esta última pregunta también se puede traducir (del original en griego): «¿Cómo oirán sin alguien predicando?». J. B. Phillips lo tradujo de esta manera: «¿Cómo han de oír si alguien no lo proclama a Él?». El énfasis está en la predicación, no en el predicador.

Tal vez pensemos que la obra de evangelización es solo para quienes tienen el llamado a ser evangelistas. Por supuesto, hay personas en la Iglesia a quienes Dios ha levantado para ser evangelistas, pero es cierto que la evangelización no se limita a aquellos que le predican a cientos o miles de una vez. He visto a muchos creyentes que obviamente tienen el don de la evangelización personal.

Aunque es cierto que algunos tienen el llamado a ser evangelistas, también es cierto que cada cristiano tiene el llamado de hablar del Evangelio con los demás.

> ¡Cuán **hermosos** son los pies de los que anuncian la paz, de los que anuncian **buenas** nuevas!
>
> ROMANOS 10:15

Muchas veces, sin embargo, evitamos comunicar nuestra fe, y en cambio decidimos que es suficiente solo vivir nuestra fe como buenos testigos, y dejamos que sean otros los que prediquen. Pero piensa en el poder del mensaje hablado del Evangelio:

> Pues ya que en la sabiduría de Dios, el mundo no conoció a Dios mediante la sabiduría, agradó a Dios salvar a los creyentes por la locura de la predicación.
>
> 1 CORINTIOS 1:21

El Evangelio es lo suficiente poderoso para salvar a los que creen, a pesar de que el mensaje pueda parecer locura. Esto no significa que haya que gritar y vociferar y sacudir una Biblia para comunicar nuestro argumento. Significa que debemos reconocer que la manera principal que Dios ha escogido para alcanzar a los perdidos es a través de la proclamación, por medio de personas, del Evangelio. Dios ha elegido la agencia de su Palabra proclamada para conducir a los pecadores a la salvación.

La invitación del Señor a su pueblo

No temas, sino habla, y no calles; porque yo estoy contigo.

HECHOS 18:9-10

Con Dios en oración

Dale gracias a Dios por el privilegio de ser llamado a comunicar el Evangelio a los que están perdidos.

Muévete más allá de la renuencia a comunicar el Evangelio

¿Quiénes son las personas perdidas en tu mundo que necesitan oír y creer en el Evangelio? ¿Qué puedes hacer de inmediato para presentarles estas buenas nuevas?

Tus reflexiones... aplicación a tu vida... tus motivos de oración...

DESDE SU PERSPECTIVA

Oí la historia de un ministro anciano al que le gustaba visitar a las personas en el hospital. Con frecuencia llevaba con él un pequeño marcador de libros bordado dentro de su Biblia. Por detrás, este solo lucía como un enredo de hilos sin un patrón aparente.

Él solía entregar ese marcador de libros, con el dorso enredado cara arriba, al que estuviera dolido o turbado y le decía:

—Mire esto y dígame lo que dice.

—No tengo la menor idea. No parece decir nada —era la respuesta típica cuando veían todos aquellos hilos enredados.

—Mire por el otro lado —decía el pastor.

Cuando le daban la vuelta, veían las palabras bordadas: *Dios es amor.* El ministro explicaba:

—Muchas veces vemos lo que Dios está haciendo y solo vemos hilos enredados sin un patrón lógico. Pero desde la perspectiva de Dios, el nos está tratando con amor, y Él sabe lo que hace.

La próxima vez que creas que todo se ha acabado para ti, solo recuerda cómo las cosas resultaron al fin para José con sus sueños. O cómo los eventos terminaron finalmente para Daniel después que lo echaron en el foso de los leones y las cosas lucían sin esperanza. Parecía haber menos esperanza aun para Sadrac, Mesac y Abednego cuando los lanzaron al horno de fuego ardiendo. Las cosas lucían bastante negras para el apóstol Pedro cuando estaba en la cárcel. Y las cosas se veían bien sombrías para Marta y María cuando el hermano de ellas murió. Pero recuerda lo que les pasó a todos.

Para Dios todo es **posible.**
JESÚS, EN MATEO 19:26

Como puedes ver, a veces las cosas lucen mal, pero de repente Dios toma el control y transforma los hechos. Entonces mirarás hacia atrás y dirás: «Ahora entiendo lo que Dios estaba haciendo».

La invitación del Señor a su pueblo

Oh pueblo mío, confía en Dios en todo momento; dile lo que hay en tu corazón, porque él es nuestro refugio.

SALMO 62:8, NTV

Con Dios en oración

Déjale saber dónde quieres que Él obre en tu vida, para que intervenga y cambie las cosas.

Muévete más allá de tu perspectiva limitada

Pasa tiempo en las Escrituras y examina con más cuidado las historias de uno o más de los personajes bíblicos mencionados arriba.

Tus reflexiones... aplicación a tu vida... tus motivos de oración...

PROCLAMAR A CRISTO

En estos días, la gente se está levantando para que se les tenga en cuenta por muchas causas. De hecho, me sorprenden las cosas perversas, aun horrendas, que las personas defienden, e incluso están dispuestas a morir por ellas.

Y sin embargo los cristianos, que poseen el Evangelio, un mensaje que cambia vidas, con frecuencia callan por pena o vergüenza en cuanto a lo que el Evangelio tiene que decir:

> Porque no nos **predicamos** a nosotros mismos,
> sino a Jesucristo como Señor, y a nosotros como
> vuestros **siervos** por amor de Jesús.
>
> 2 CORINTIOS 4:5

Es hora de que nos levantemos para que se nos tenga en cuenta también. Jesús dijo:

> Porque el que se avergonzare de mí y de mis palabras
> en esta generación adúltera y pecadora, el Hijo del
> Hombre se avergonzará también de él, cuando venga
> en la gloria de su Padre con los santos ángeles.
>
> MARCOS 8:38

En el primer siglo, la idea de que Jesús muriera en la cruz era escandalosa para los judíos. El mismo pensamiento era pura locura para los griegos, quienes se enorgullecían por sus logros culturales e intelectuales.

Pero el Evangelio es *poder*, tal como nos lo recuerda el apóstol Pablo:

Nosotros predicamos a Cristo crucificado, para los
judíos ciertamente tropezadero, y para los gentiles
locura; mas para los llamados, así judíos como griegos,
Cristo poder de Dios, y sabiduría de Dios.

1 Corintios 1:23-24

La invitación del Señor a su pueblo

Así está escrito [...] que se predicase en
su nombre el arrepentimiento y el perdón
de pecados en todas las naciones.

Lucas 24:46-47

Con Dios en oración

Ora por nombre por todos los incrédulos que Dios ha hecho llegar a
tu vida.

Muévete más allá de guardar silencio

Deja que Dios te muestre el poder del Evangelio. Comunica hoy las
buenas nuevas a alguien.

Tus reflexiones... aplicación a tu vida... tus motivos de oración...

MÁS ALLÁ DE LAS EXCUSAS

Los fariseos que se opusieron a Jesús no solo dudaron de la obra de Dios; sus corazones estaban llenos de incredulidad. Estos líderes religiosos no rechazaron a Jesús como el Mesías por falta de evidencia, ya que Él había cumplido muchas profecías del Antiguo Testamento. No lo rechazaron debido a que llevara un estilo de vida que fuera incongruente con lo que predicaba, porque el comportamiento de Jesús era perfecto en lo absoluto. El mismo Pilato, cuando se preparaba para condenar a Jesús a muerte, dijo esto: «Ningún delito hallo en él» (Juan 19:4). Judas Iscariote, su traidor, dijo esto: «Yo he pecado entregando sangre inocente» (Mateo 27:4).

Los fariseos endurecieron sus corazones en contra de Jesús porque Él interfería con la forma en que ellos habían elegido vivir. Él constituía una amenaza al estilo de vida y el sistema religioso de ellos. A pesar de toda su retórica y sus pretensiones de tener interés en las cosas espirituales, en realidad no buscaban la verdad. Ni estaban buscando al Mesías. De otra manera hubieran aceptado a Jesús.

> Y **esta** es la condenación: que la luz vino al **mundo**, y los **hombres** amaron más las tinieblas que la luz, porque sus **obras** eran malas.
>
> JUAN 3:19

Su rechazo de Él fue al fin por la misma razón por la que la gente lo rechaza hoy. Las personas no rechazan a Jesús porque hayan examinado la evidencia y llegado a la conclusión de que Él no reúne los requisitos para ser el Mesías. La mayoría de las personas no cristianas con las que yo hablo dicen que nunca han leído la Biblia. Ni siquiera han leído el Evangelio de Juan. Jamás han examinado con cuidado las declaraciones de Cristo.

Las personas tampoco rechazan a Jesús por causa de la hipocresía de algunos cristianos inconstantes. Rechazan a Jesucristo porque Él constituye una amenaza a su estilo de vida. No quieren cambiar. Quieren que las cosas se queden como están; aborrecen la idea de que la luz vaya a exponer sus acciones.

La invitación del Señor a su pueblo

Sea vuestra palabra siempre con gracia, sazonada con sal, para que sepáis cómo debéis responder a cada uno.

COLOSENSES 4:6

Con Dios en oración

Pídele que haga que su Espíritu Santo quebrante el odio por la luz de Dios que es evidente en la vida de los no creyentes que conoces.

Muévete más allá de las excusas

Habla hoy con un no creyente acerca de su resistencia a la luz de Dios y al cambio.

Tus reflexiones... aplicación a tu vida... tus motivos de oración...

ATACA LA RAÍZ

A través de los años he recibido muchas invitaciones para involucrarme en ciertas causas o unirme a un boicot o una manifestación. Admiro a las personas que se levantan a defender lo que es correcto, y creo que como cristianos debemos dejar conocer nuestra presencia en esta cultura y sociedad.

Pero en cuanto a mí, yo he elegido atacar la raíz del problema de nuestra sociedad, lo cual es el pecado. He escogido procurar ayudar a nuestra cultura y nuestro mundo predicando el Evangelio. ¿Por qué? Porque aunque un cambio en el estilo de vida no resulta en salvación, la verdadera salvación siempre resulta en un cambio de estilo de vida.

Cuando Pablo fue a Roma, él pudiera haber confrontado muchos males sociales que había ahí. Roma era una ciudad llena de esclavos, sin embargo Pablo no centraba su predicación en la esclavitud. Roma era una ciudad de inmoralidad rampante, pero el mensaje de Pablo no se centraba en la reforma moral. Roma era una ciudad de corrupción financiera, pero Pablo no centraba su predicación en los problemas éticos del mercado. En cambio, eligió atacar la raíz del problema. Su mensaje fue sencillo. Les dio el Evangelio.

> Me **propuse** no saber entre vosotros cosa alguna sino a **Jesucristo**, y a **éste** crucificado.
> 1 CORINTIOS 2:2

Puedo luchar por traer reforma y moralidad a mi cultura y sociedad. Puedo trabajar para que se aprueben leyes para disminuir la propagación del pecado y la corrupción. Pero si puedo conducir a otras personas a Cristo, entonces su moral y estilo de vida van a cambiar. No solo tendrán la esperanza del cielo, sino que también serán personas diferentes dentro de nuestra sociedad y cultura.

La invitación del Señor a su pueblo

Id por todo el mundo y predicad el Evangelio a toda criatura.

MARCOS 16:15

Con Dios en oración

Pídele a Dios que te ayude a comunicar el Evangelio en tus conversaciones con los demás.

Muévete más allá de dirigirte solo a los síntomas

Habla hoy con un incrédulo acerca de cómo el Evangelio de Jesucristo es la única vía de cambio duradero para el bien de la moral y el comportamiento de la gente.

Tus reflexiones... aplicación a tu vida... tus motivos de oración...

PREDICAR LA CRUZ

Tal vez les envidiemos un poco a los creyentes del primer siglo que parecen haber sido testigos de milagros como parte de sus vidas cotidianas. Ciertamente, hubo milagros dramáticos que sucedieron durante el tiempo de ellos. En Hechos leemos sobre cosas grandes que ocurrieron, como el cojo que pedía limosnas junto a la puerta La Hermosa que recibió la capacidad de caminar, y Pedro, que fue librado de la cárcel por un ángel, y Dorcas, la mujer que resucitaron de entre los muertos. Podemos mirar hacia ese tiempo con estima y decir: «Aquellos sí que fueron tiempos buenos».

Al leer el libro de los Hechos, casi parece que los milagros ocurrían cada doce minutos. Pero la verdad es que Hechos es un registro de lo que Dios hizo a través de un período de treinta años. En otras palabras, de modo realista, debemos reconocer que es un registro de milagros que se dieron a través de un largo período de tiempo.

Algunos cristianos quizá piensen que si pudieran realizar una señal o un milagro para los incrédulos que conocen, esas personas creerían. Pero la señal que necesitan conocer es lo que Jesús realizó en la cruz. Es la predicación de la cruz lo que hará la diferencia. «Porque la palabra de la cruz... es poder de Dios» (1 Corintios 1:18).

> Porque los judíos piden señales, y los griegos buscan sabiduría; pero nosotros predicamos a Cristo **crucificado**, para los judíos ciertamente tropezadero, y para los gentiles locura; mas para los llamados, **así** judíos **como** griegos, Cristo poder de Dios, y **sabiduría** de Dios.
>
> 1 CORINTIOS 1:22-24

«Predicamos a Cristo crucificado», dijo Pablo. Ese es también nuestro mensaje. Esto es lo que tengo que decir. Así que tenemos el mismo compromiso que tuvo Pablo: «Me propuse no saber entre vosotros cosa alguna sino a Jesucristo, y a éste crucificado» (1 Corintios 2:2).

Aunque creo en los milagros y espero ver más en mis años de vida, una cosa nunca cambiará: el simple mensaje que debemos proclamar.

La invitación del Señor a su pueblo

Canten al SEÑOR, alaben su nombre; cada día anuncien las buenas noticias de que él salva.

SALMO 96:2, NTV

Con Dios en oración

Dale gracias a Dios por la cruz de Jesucristo, y por la forma en que resuelve para ti y para cada ser humano nuestro mayor problema: el problema del pecado.

Muévete más allá de una falta de aprecio por la cruz

¿A quién le debes comunicar hoy las buenas nuevas de la cruz de Cristo Jesús?

Tus reflexiones... aplicación a tu vida... tus motivos de oración...

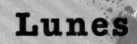

CAMINA CON SABIDURÍA

Hoy tenemos personas que buscan una experiencia espiritual solo para tener la experiencia, pues desean tener lo que ellos piensan que es «un toque de Dios». Tenemos personas que se autodenominan profetas, que dan sus mensajes y proclaman sus visiones, pero a las que pocas veces se les hace responsable por los resultados.

Debemos tener cuidado. Por un lado, no queremos limitar a Dios a través de la incredulidad, porque queremos que Él realice sus milagros en nuestras vidas. Por otro lado, no podemos creerle todo a todo el mundo.

Creo en los milagros. Creo en lo sobrenatural. Creo que Dios puede sanar. Pero no podemos buscar las experiencias a cualquier precio. La experiencia siempre se debe someter a la verdad. Siempre debe ir ordenada debajo de lo que es correcto. No podemos decir que algo es cierto y correcto solo porque lo hayamos experimentado. Más bien, debemos saber que algo es cierto y correcto porque se halla en las Escrituras y permitimos que las Escrituras confirmen nuestra experiencia.

> Muchos me dirán en aquel día: Señor, Señor, ¿no **profetizamos** en tu nombre, y en tu nombre echamos fuera demonios, y en tu nombre hicimos muchos **milagros**? Y entonces les declararé: Nunca os conocí; apartaos de mí, hacedores de **maldad**.
>
> JESÚS, EN MATEO 7:22-23

En el libro de los Hechos nunca leemos de un milagro que se haya anunciado por adelantado. Cuando Dios usó a Pedro para sanar al cojo en la puerta La Hermosa (véase Hechos 3), no leemos que primero lo hayan anunciado: «¡Venga hoy a la puerta La Hermosa! ¡Milagros! ¡Señales! ¡Prodigios! ¡No se lo pierda!». Los apóstoles nunca anunciaron los milagros por adelantado, porque los milagros no eran su enfoque. Estaban enfocados en proclamar la Palabra de Dios. Le dejaban los milagros al Espíritu Santo.

En especial debemos tener cuidado en estos últimos días, porque no todas las señales y milagros vienen de Dios. Recuerda, Satanás es un gran imitador.

La invitación del Señor a su pueblo

Examinadlo todo; retened lo bueno.

1 Tesalonicenses 5:21

Con Dios en oración

Pídele que te dé el discernimiento que necesitas para entender cómo Él obra.

Muévete más allá de sobrevalorar la experiencia

Identifica las clases de situaciones en las que es más probable que sobrevalores tu propia experiencia (o la de otro) sin usar las Escrituras para verificar la validez de esta. ¿Qué puedes hacer para cambiar?

Tus reflexiones... aplicación a tu vida... tus motivos de oración...

CONVERSACIONES IMPROBABLES

Un abogado trataba de entregarle un documento importante a un hombre, pero el hombre pensaba que esto era algún tipo de citación legal, de tal modo que hizo todo lo posible por evadir al abogado.

Catorce años pasaron, y el hombre se encontró en el hospital, muriendo de cáncer. A través de una extraña serie de eventos, al abogado lo admitieron en el mismo hospital debido a una enfermedad y le asignaron el mismo cuarto que el hombre moribundo.

El hombre se volvió al abogado y dijo: «Bueno, nunca me atrapó. Me he escapado todo este tiempo de usted, y ahora no importa. Puede entregarme su citación legal. No me importa».

El abogado contestó: «¿Citación legal? ¡Estaba tratando de darle un documento que probaba que usted había heredado cuarenta y cinco millones de dólares!».

Muchas personas hacen todo lo posible para evadir a los cristianos y la oportunidad de tener una relación con Jesucristo. Todo el tiempo sus corazones se van endureciendo, y corren el riesgo de quedar tan insensibles hasta el punto en que no pueden volver atrás. No sabemos cuándo llegará ese punto en sus vidas. Quizá tú incluso conozcas a alguien que parece haber llegado a ese punto.

> Si oyereis hoy su **voz**, no endurezcáis vuestros corazones.
>
> HEBREOS 4:7

Podemos cobrar ánimo cuando examinamos la conversión de Saulo de Tarso. El cambio en él fue tan radical e inesperado que, cuando se dio a conocer, los cristianos del primer siglo pensaron que Saulo estaba tratando de infiltrarse en sus filas para perseguir aun más a los creyentes. No creían que Dios pudiera salvar a alguien tan malo y hostil hacia los cristianos como había sido Saulo. Pero como sabemos, Saulo llegó a ser el apóstol Pablo.

Si conoces a alguien que parezca estar alejado y endurecido de forma permanente hacia el Evangelio, continúa orando. Uno nunca sabe; esa persona quizá sea el próximo Pablo.

La invitación del Señor a su pueblo

Nunca dejen de orar.

1 Tesalonicenses 5:17, NTV

Con Dios en oración

Piensa en aquellos que conoces que parezcan estar endurecidos al Evangelio, y pídele a Dios que cambie sus corazones.

Muévete más allá de la duda de si Dios puede salvar a los duros de corazón

Ora hoy por aquellos que conoces en persona y que parezcan ser los más difíciles de alcanzar con el Evangelio.

Tus reflexiones... aplicación a tu vida... tus motivos de oración...

INVICTO

A través de los años, muchos se han puesto en oposición a la Iglesia y han tratado de destruirla. Durante el reino del emperador romano Diocleciano, martirizaban a los cristianos y destruían las Escrituras y las iglesias. Para conmemorar estos logros, Diocleciano hizo construir una columna de victoria de piedra con esta inscripción: *Extinco nomine Christianorum* («el nombre del cristiano ha sido extinguido»). Me pregunto cómo se sentiría Diocleciano si pudiera ver ese monumento hoy. Su «logro» obviamente no perduró.

Ha habido aquellos que han intentado detener la obra de Dios. Un líder militar romano hizo un ataúd para simbolizar su intención, en sus palabras, de «sepultar al galileo» y matar a sus seguidores. Pero pronto aprendió que no podía meter a Jesús en ese ataúd. Al fin, terminó creyendo en Aquel que había intentado destruir.

Más cerca de nuestro tiempo, los gobiernos comunistas han tratado de acabar con la Iglesia. Pero nada ni nadie ha podido detener a la Iglesia, porque Jesús la estableció y dijo:

> **Edificaré** mi iglesia; y las puertas del Hades no **prevalecerán** contra ella.
>
> MATEO 16:18

«Las puertas del Hades» se refiere a las fuerzas de diablo, y cuando Jesús dice que las puertas del Hades no prevalecerán contra la Iglesia, no está diciendo que estas fuerzas no han de atacarnos. Cuando tratamos de esparcir el Evangelio, el diablo se nos opondrá con todo lo que tiene. Pero cuando avanzamos como soldados del ejército del Señor, la oposición del diablo no podrá prevalecer.

Quizá perdamos una batalla aquí y allá. Pero está claro que el diablo va a perder la guerra al fin, y Jesús y su Iglesia ganarán.

La invitación del Señor a su pueblo

Mas gracias sean dadas a Dios, que nos da la victoria
por medio de nuestro Señor Jesucristo. Así que,
hermanos míos amados, estad firmes y constantes,
creciendo en la obra del Señor siempre, sabiendo
que vuestro trabajo en el Señor no es en vano.

1 CORINTIOS 15:57-58

Con Dios en oración

Agradece a Dios porque estás de su lado ganador, y que al fin de
cuentas toda la oposición del diablo contra Él fallará.

Muévete más allá de la oposición del diablo

¿Qué puede ayudarte a no desanimarte cuando te enfrentes a los
ataques del diablo?

Tus reflexiones... aplicación a tu vida... tus motivos de oración...

SU VOLUNTAD, NO LA MÍA

Hay personas que enseñan que nunca debemos orar: *No sea lo que yo quiero, sino lo que quieres tú*, porque suponen que anula lo que uno acaba de pedir. ¡Qué tontería! Si Jesús oró así, con certeza debemos seguir su ejemplo. Él nos dio el mismo patrón en el Padrenuestro cuando dijo: «Venga tu reino. Hágase tu voluntad, como en el cielo, así también en la tierra» (Mateo 6:10). Nunca debo tener temor de decir, *Señor, hágase tu voluntad*.

Entonces están aquellos que dicen que debemos orar por algo solo una vez; de lo contrario, estamos demostrando una falta de fe. Sin embargo Jesús les enseñó a sus discípulos: «Pedid, y se os dará; buscad, y hallaréis; llamad, y se os abrirá» (Lucas 11:9). A veces nos damos por vencidos con demasiada facilidad.

> Él se **adelantó** un poco más y se inclinó rostro en tierra mientras oraba: «¡Padre mío! Si es posible, que pase de mí esta copa de **sufrimiento**. Sin embargo, quiero que se haga **tu** voluntad, no la mía».
>
> JESÚS, EN MATEO 26:39, NTV

No siempre vamos a conocer la voluntad de Dios en cada situación. En otras ocasiones, conocemos la voluntad de Dios, pero no nos gusta. También hay veces que sabemos cuál es la voluntad de Dios, pero no la entendemos.

Me gusta lo que dijo D. L. Moody: «Presente su petición delante de Dios, y diga: "Que se haga tu voluntad, no la mía"». Moody concluyó: «La lección más dulce que he aprendido en la escuela de Dios es dejar que el Señor escoja por mí».

¿Encuentras esto cierto en tu propia vida?

Nunca debemos tener miedo de confiarle un futuro desconocido a Dios.

La invitación del Señor a su pueblo

Como siervos de Cristo, de corazón
[hagan] la voluntad de Dios.

EFESIOS 6:6

Con Dios en oración

Confiesa con sinceridad tu nivel de confianza en Dios en cuanto a tu futuro.

Muévete más allá del temor al futuro desconocido

Reconoce los caminos y las direcciones a las que Dios claramente te ha guiado. ¿Qué te muestra esto en cuanto a tu futuro?

Tus reflexiones... aplicación a tu vida... tus motivos de oración...

LA RAZÓN DEL RECHAZO

¿Por qué rechazan las personas a Jesucristo sin haberse tomado tiempo para considerar lo que Él afirma? ¿Por qué rechazan la revelación de las Escrituras, cuando en la mayoría de los casos nunca se han tomado el tiempo para leerlas con cuidado? ¿Por qué es que las personas rehúsan darle al mensaje del Evangelio por lo menos una audiencia justa?

Hallamos la respuesta en las Escrituras. Jesús dijo:

> La luz de Dios llegó al mundo, pero la gente amó más la oscuridad que la luz, porque sus acciones eran malvadas.
>
> JUAN 3:19, NTV

Alguien tal vez diga: «La razón por la que no soy un cristiano es porque no estoy de acuerdo con esto», o «tengo problemas con lo otro». Pero según Jesús, la verdadera razón es que las obras de esas personas son malas. No quieren venir a la luz, donde sus obras quedarán expuestas. Cualquier otra cosa es solo una excusa detrás de la que se quieren esconder.

> Adentro, los principales **sacerdotes** y todo el Concilio Supremo intentaban encontrar testigos que mintieran acerca de **Jesús** para poder ejecutarlo.
>
> MATEO 26:59, NTV

No estoy diciendo que las personas no tengan preguntas legítimas que hacer. No estoy diciendo que la gente no luche con algunas de estas verdades. Lo que digo es que cuando las personas son verdaderas buscadoras de Dios, cuando reconocen con sinceridad su pecado y su necesidad de salvación, creerán cuando se les presenten las respuestas a sus preguntas acerca de Cristo y el Evangelio.

La invitación del Señor a su pueblo

Pues antes ustedes estaban llenos de oscuridad,
pero ahora tienen la luz que proviene del Señor.
Por lo tanto, ¡vivan como gente de luz!

Efesios 5:8, NTV

Con Dios en oración

Reconoce delante de Dios cómo tu propio pecado te ha cegado, ahora o en el pasado, a la verdad acerca de Él.

Muévete más allá de las excusas

Confiesa y arrepiéntete de cualquier pecado que continúe impidiendo o distorsionando tu visión del Señor o del Evangelio.

Tus reflexiones... aplicación a tu vida... tus motivos de oración...

COMO OVEJAS

En más de una ocasión, la Biblia compara a los cristianos con ovejas. No sé si en realidad me agrade eso mucho, porque las ovejas no son los animales más inteligentes de la tierra.

Hubiera sido bueno si Dios nos hubiese comparado con delfines. Ese sí que es un animal inteligente. Una vez tuve la oportunidad de hablar con un hombre que entrenaba delfines. Le pregunté:

—¿Son los delfines en realidad tan inteligentes como parecen?

—En algunas maneras, sí —respondió—, y en otras, no. Son muy inteligentes en muchas maneras, porque un delfín puede ver un símbolo y entender lo que significa.

Eso es asombroso para mí.

Pero Jesús no nos comparó con los delfines. Nos comparó con las ovejas. Y las ovejas son unos de los animales más estúpidos que hay. Se asustan con facilidad. Son vulnerables. No tienen mecanismo de defensa alguno. No pueden correr muy rápido. Tienen una necesidad permanente de cuidado y atención. Tienen una terrible tendencia a seguirse las unas a las otras, aun hasta la muerte. Se ha documentado que si una oveja se cae de un precipicio, las demás la seguirán.

> Antes eran como **ovejas** que andaban descarriadas. Pero ahora han vuelto a su **Pastor**, al Guardián de sus almas.
>
> 1 PEDRO 2:25, NTV

La Biblia dice: «Todos nosotros nos descarriamos como ovejas, cada cual se apartó por su camino» (Isaías 53:6). Piensa en cuántas personas han creído las mismas mentiras generación tras generación. Caen en la misma basura, las mismas adicciones, y las mismas trampas una y otra vez.

Somos como ovejas. Es un hecho. La pregunta es: ¿vas a ser una oveja inteligente o una estúpida? Las ovejas inteligentes se apegan al Pastor, y ahí es donde todos debemos estar.

La invitación del Señor a su pueblo

Si alguno me sirve, sígame; y donde yo
estuviere, allí también estará mi servidor.

JESÚS, EN JUAN 12:26

Con Dios en oración

Confiésale a Él las maneras en las que te has descarriado como una oveja.

Muévete más allá de la estupidez

¿Qué debes hacer hoy para estar todo el día cerca de tu Pastor?

Tus reflexiones... aplicación a tu vida... tus motivos de oración...

CRUCIFICADO CON CRISTO

Cuando Jesús habló de tomar la cruz, estoy seguro que el significado no eludió a los discípulos. La cruz, como sabía la gente de ese tiempo y cultura, era un símbolo odiado y despreciado de una muerte sumamente cruel. Los romanos crucificaban a muchas personas en las carreteras que conducían a sus ciudades, como una advertencia a cualquier hombre o mujer que se atreviera a desafiar el poderío de Roma. La cruz fue diseñada para humillar. Fue diseñada para torturar. Y sobre todo, fue diseñada para matar.

Hoy, la cruz está envuelta en religiosidad. Se ha convertido en un símbolo de muchas cosas, desde un icono religioso hasta una adornada pieza de joyería. No es que sea algo malo llevar puesta una cruz, pero creo que hemos perdido el significado de esto. Imagínate con una pequeña réplica de una silla eléctrica colgando de tu cuello, adornada con diamantes, o quizá un pequeño nudo de verdugo. Ponerse una prenda como esas sería bastante morboso, porque son símbolos de dolor y muerte. Pero eso es lo que la cruz simbolizaba. Así que cuando Jesús les dijo a los discípulos que si alguien quería ir en pos de Él, debía tomar su cruz, ellos hubieran entendido sin esfuerzo lo que Él estaba diciendo.

> El que no lleva su **cruz** y viene en pos
> de mí, no puede ser mi discípulo.
> JESÚS, EN LUCAS 14:27

La cruz significa morir al yo, de poner la voluntad de Dios antes que la de uno. Si esto te suena como un estilo de vida horrible y negativo, considera las palabras de Pablo: «Con Cristo estoy juntamente crucificado, y ya no vivo yo, mas vive Cristo en mí; y lo que ahora vivo en la carne, lo vivo en la fe del Hijo de Dios, el cual me amó y se entregó a sí mismo por mí» (Gálatas 2:20). Es a través

de la muerte que encontramos la vida. Que Dios nos ayude a ver
que su oferta de intercambio es la mejor que hay.

La invitación del Señor a su pueblo

Si alguno quiere venir en pos de mí, niéguese
a sí mismo, y tome su cruz, y sígame.

JESÚS, EN MATEO 16:24

Con Dios en oración

Exprésale con franqueza a Dios tu gratitud por la muerte de Cristo
en la cruz. Dale gracias por lo que logró ahí en especial por ti.

Muévete más allá del egocentrismo

La muerte de Cristo posibilita una vida genuina para ti, en la medida
en que mueras a ti mismo y le permitas vivir a Él por medio de
ti. ¿Cuáles son las ocupaciones o actitudes egoístas que debes
abandonar para permitir que la vida de Cristo tome el control de la
tuya?

Tus reflexiones... aplicación a tu vida... tus motivos de oración...

CAMINA CON JESÚS

Es interesante observar a quiénes eligió Jesús para aparecerse después de su resurrección. Si fuera yo, la primera persona a la que me hubiera aparecido sería Pilato: «¡Oiga, Pilato! ¿Se acuerda de mí? A un hombre bueno lo puede derribar, pero no lo puede mantener así, ¿eh?». O me hubiera aparecido a Caifás, el sumo sacerdote, que, en su mayor parte, orquestó la crucifixión de Jesús.

Pero no leemos que Él se le apareciera a Pilato ni a Caifás. Sí leemos en Lucas 24:13-35 sobre su aparición a dos de sus discípulos en el camino a Emaús y cómo se unió a ellos en su jornada. Sabemos el nombre de uno de los dos hombres (Cleofás); aparte de eso, no sabemos nada acerca de ellos, y no se mencionan de nuevo en la Biblia.

Lucas nos dice que cuando Jesús se les juntó en el camino, «los ojos de ellos estaban velados, para que no le conociesen» (24:16). Después de todo, la última visión que habían tenido de Él había sido la de su cuerpo golpeado y ensangrentado. De seguro querían sacarse esa imagen de sus mentes. Marcos dice de este incidente que Jesús se les apareció «en otra forma» (Marcos 16:12). En otras palabras, estaba de incógnito.

Ahí iban caminando, y Jesús caminaba con ellos. Es un recordatorio para nosotros que en todo momento, aun cuando no lo percibimos, Él camina con nosotros.

> **Apareció** en otra forma a dos de ellos que iban de camino, **yendo** al campo.
>
> MARCOS 16:12

El Señor promete esto a su pueblo: «Cuando pases por las aguas, yo estaré contigo; y si por los ríos, no te anegarán. Cuando pases por el fuego, no te quemarás, ni la llama arderá en ti» (Isaías 43:2).

Tal vez te sientes cerca de Dios solo cuando estás en la iglesia. Pero dondequiera que vayas, puedes saber que Jesús ahí también está contigo. Cuando pases por momentos difíciles, aun cuando no puedas sentir su presencia, Jesús está ahí.

La invitación del Señor a su pueblo

Mira que te mando que te esfuerces y seas valiente;
no temas ni desmayes, porque Jehová tu Dios
estará contigo en dondequiera que vayas.

JOSUÉ 1:9

Con Dios en oración

Dale gracias al Señor por su presencia incondicional. Habla con Él acerca de tu deseo de sentir su presencia de un modo más profundo.

Muévete más allá de sentirte solo

¿Qué necesitas recordar cuando te sientes lejos de Dios?

Tus reflexiones... aplicación a tu vida... tus motivos de oración...

VERDADEROS DISCÍPULOS

La vida cristiana es más que hacer una oración o caminar por el pasillo de la iglesia para obtener «seguro contra incendios». La vida cristiana se supone que sea dinámica. Se supone que sea emocionante. Se supone que tenga un efecto radical sobre la manera en que vives y cómo ves la vida. Jesucristo no solo quiere ser tu Salvador; también quiere ser tu Señor. No solo quiere ser tu amigo, sino también tu Dios.

Pero me temo que muchos cristianos hoy están viviendo una experiencia cristiana de bajo nivel. Ese término en realidad es una contradicción en muchas maneras, porque si en realidad es una experiencia cristiana, no debe ser de bajo nivel. En cierto sentido, ese ni siquiera es un término correcto desde el punto de vista técnico. En realidad no se puede ser un cristiano de bajo nivel.

> Los discípulos estaban **llenos** de **gozo** y del Espíritu Santo.
> HECHOS 13:52

Sin embargo, hay muchos que no están recibiendo todo lo que Dios tiene para ellos.

En Hechos 17:6 se describe a los cristianos del primer siglo como personas «que trastornan el mundo entero». ¿Cómo es que un puñado de personas ordinarias logró trastornar su mundo (según ellos lo conocían)? Lo hicieron sin televisión, radio ni Internet, sin megaiglesias, y sin ninguno de los recursos que creemos que son tan importantes hoy para alcanzar las metas del evangelismo mundial.

¿Cómo pudieron hacerlo? Creo que se puede resumir en una sola palabra: discípulo. Ellos eran discípulos de Jesucristo; no seguidores en los buenos tiempos, sino verdaderos discípulos. No estaban viviendo una diluida e ineficaz versión de la vida cristiana. Estaban experimentando la vida cristiana como debía ser, como el mismo Cristo la ofreció y los primeros discípulos la entendieron.

Si queremos impactar nuestra cultura hoy, nosotros también debemos ser discípulos.

La invitación del Señor a su pueblo

Si vosotros permaneciereis en mi palabra,
seréis verdaderamente mis discípulos.

JESÚS, EN JUAN 8:31

Con Dios en oración

Dale gracias por el ejemplo del verdadero discipulado que Él nos proporciona en las Escrituras. Habla con Dios de forma franca acerca de las maneras en que te quedas corto ante ese ejemplo.

Muévete más allá de un cristianismo de bajo nivel

¿Estás ayudando a trastornar tu mundo? ¿Cuáles son los pasos atrevidos que debes dar hoy para ser parte de esto?

Tus reflexiones... aplicación a tu vida... tus motivos de oración...

LA DISTINCIÓN IMPORTANTE DEL DISCIPULADO

¿Qué significa ser un discípulo? Sin duda necesitamos conocer la respuesta a esa pregunta. Después de todo, Jesús nos mandó a ir y hacer discípulos en todas las naciones.

¿Pero cómo podemos hacer discípulos si nosotros mismos no somos discípulos? ¿Hay alguna diferencia entre las calificaciones para el discipulado y las de solo llegar a la fe?

Creo que la respuesta es sí.

Primero: Jesús nos dice que si queremos ser sus discípulos, debemos negarnos a nosotros mismos (véase Lucas 14:25-33). Esto es un asunto fundamental. Tenemos una elección en la vida: Podemos vivir para nosotros mismos o podemos negarnos a nosotros mismos. Podemos desatender la cruz, o podemos tomarla y seguirle a Él.

La gran barrera para ser un discípulo de Jesucristo se resume en una palabra: ego. El egoísmo no es algo exclusivo de nuestra generación, aunque la Biblia sí dice que en los últimos días los hombres serán amadores de sí mismos y del placer más que amadores de Dios (2 Timoteo 3:1-5). Sin duda estamos viviendo en un tiempo de gran egoísmo en nuestra cultura. Pero podemos rastrear sus raíces hasta llegar al huerto del Edén. Cuando Satanás se le presentó a Eva, en esencia apeló a su naturaleza egoísta.

> El que no **lleva** su **cruz** y viene en pos de mí, no puede ser mi discípulo.
>
> JESÚS, EN LUCAS 14:27

Es por eso que Jesús dijo: «Si alguno quiere venir en pos de mí, niéguese a sí mismo, y tome su cruz, y sígame» (Mateo 16:24). Jesús no dijo: «Ámese a sí mismo». No dijo: «Tenga una autoimagen positiva». Dijo que uno debía negarse a sí mismo. Eso es lo que necesitamos hacer, porque el ego es lo que impide el verdadero discipulado.

La invitación del Señor a su pueblo

Si alguno quiere venir en pos de mí, niéguese
a sí mismo, y tome su cruz, y sígame.

JESÚS, EN MATEO 16:24

Con Dios en oración

Pídele a Él que te muestre cómo debes quitar el ego del camino.

Muévete más allá del egoísmo

En tu vida hoy, ¿qué significa en realidad ser un discípulo de Jesucristo?

Tus reflexiones... aplicación a tu vida... tus motivos de oración...

CÓMO HACER DISCÍPULOS

Encontramos nuestro «aviso de despido» de parte de Jesús en Mateo 28:19-20, un pasaje que conocemos como la Gran Comisión. En él hay dos cosas que debemos recordar en especial.

Primero: Estas palabras son un mandamiento. Por eso es que se llaman la Gran Comisión y no la Gran Proposición. Jesús no dijo: «Mira, si te sientes inspirado, si cabe dentro de tu atareada agenda, como un favor a mí, ¿considerarías ir al mundo y hacer discípulos?». No. Es un mandamiento.

Segundo: Estas palabras no se les dieron solo a los once discípulos originales. Ni se aplican solo a pastores, evangelistas y misioneros. Son para todo seguidor de Jesucristo. Si somos sus discípulos, tenemos la orden de ir y hacer discípulos de otras personas. No significa necesariamente que debemos cruzar el mar. Pero de cierto sería un buen comienzo cruzar la calle y hablar con un vecino.

¿Qué significa hacer discípulos? Jesús dijo: «Enséñenles a obedecer todo lo que yo les he enseñado» (Mateo 28:2, TLA). En pocas palabras, significa mostrarle el discipulado por medio de la manera en que tú vives. Y por supuesto, también comunica la Palabra de Dios de forma verbal.

> Por lo tanto, **hablamos** a otros de Cristo, advertimos a todos y enseñamos a todos con toda la sabiduría que Dios nos ha dado. Queremos presentarlos a Dios perfectos en su relación con **Cristo**.
>
> COLOSENSES 1:28, NTV

Hoy quiero desafiarte a convertirte en un discípulo de Jesucristo, y no solo un seguidor en los buenos tiempos o un mero feligrés. ¿Estás dispuesto a ser su discípulo? Si es así, tu vida nunca será igual, en especial cuando comiences a dedicar tu vida a ayudar a otros a ser sus discípulos.

La invitación del Señor a su pueblo

Toda potestad me es dada en el cielo y en la tierra. Por tanto, id, y haced discípulos a todas las naciones, bautizándolos en el nombre del Padre, y del Hijo, y del Espíritu Santo; enseñándoles que guarden todas las cosas que os he mandado; y he aquí yo estoy con vosotros todos los días, hasta el fin del mundo. Amén.

JESÚS, EN MATEO 28:18-20

Con Dios en oración

Habla con Dios acerca de las personas que Él quiere que ayudes a convertirse en discípulos de Jesucristo. Ora por ellos por nombre.

Muévete más allá de ser menos que un discípulo

Hoy, ¿en qué maneras específicas puede tu vida ser una demostración de lo que significa ser un discípulo de Jesucristo?

Tus reflexiones... aplicación a tu vida... tus motivos de oración...

EN LA CIMA DE
LA MONTAÑA

La transfiguración de Jesús fue un evento significativo. Fue el punto a mitad del camino en una jornada difícil. De aquí, Jesús prosiguió hacia la cruz.

Es evidente que Jesús creía que el tiempo había llegado para que los discípulos, en particular Pedro, Jacobo y Juan, alcanzaran a ver algo de su gloria. Jesús escogió a estos tres hombres en cierta cantidad de ocasiones. Cuando resucitó de entre los muertos a la hija de un principal de la sinagoga, llevó a Pedro, Jacobo y Juan dentro de la casa del hombre con Él (véase Marcos 5:37; Lucas 8:51). Más tarde llevó a estos tres a lo profundo del huerto de Getsemaní para estar con Él (véase Mateo 26:37; Marcos 14:33).

Quizá ellos fueron los discípulos súper espirituales, o la élite espiritual. O tal vez necesitaban una atención especial. Sea cual fuera la razón, Jesús llevó a estos tres con Él a la cima de una montaña alta, y se transfiguró delante de sus ojos. Su vestido se volvió blanco como la luz. Su rostro brillaba como el sol. Moisés y Elías también estaban ahí, lo cual solo añadió al drama de este maravilloso evento.

> [Jesús] tomó a Pedro, a Juan y a Jacobo, y subió al monte a **orar**. Y entre tanto que **oraba**, la apariencia de su rostro **se hizo otra**, y su vestido blanco y resplandeciente.
>
> LUCAS 9:28-29

Pedro no pudo contenerse. «Y sucedió que apartándose ellos de él, Pedro dijo a Jesús: Maestro, bueno es para nosotros que estemos aquí; y hagamos tres enramadas, una para ti, una para Moisés, y una para Elías; no sabiendo lo que decía» (Lucas 9:33). En esencia Pedro estaba diciendo: «Quedémonos aquí. Esta es la idea correcta: Tú estás glorificado; estás brillando. Acampemos aquí y no cambiemos nada».

Los creyentes hoy tienen una tendencia de hacer lo mismo. A medida que este mundo va oscureciendo, nos inclinamos a retirarnos dentro de una subcultura cristiana en vez de entender que el mundo que nos rodea nos necesita. Dios quiere que alcancemos al mundo con el Evangelio. Pero para hacerlo, tenemos que bajar de nuestras montañas y vivir la vida cristiana en este mundo.

La invitación del Señor a su pueblo

Vayan y anúncienles que el reino del cielo está cerca. Sanen a los enfermos, resuciten a los muertos, curen a los leprosos y expulsen a los demonios. ¡Den tan gratuitamente como han recibido!

JESÚS, EN MATEO 10:7-8, NTV

Con Dios en oración

Pídele a Dios que te muestre cualquier manera en que te hayas retirado a la subcultura cristiana. Pídale que te dé más de su corazón y compasión por el mundo necesitado que nos rodea.

Muévete más allá de la subcultura cristiana

¿Hay algunas maneras en que te hayas retirado demasiado dentro de la subcultura cristiana? ¿Cuáles de esas maneras impiden tu testimonio al mundo? Si es así, identifica esas barreras y decide cómo las vas a superar.

Tus reflexiones... aplicación a tu vida... tus motivos de oración...

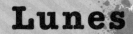

SOMNOLENCIA ESPIRITUAL

¿Por qué dijo Pedro lo que dijo durante un evento tan significativo como la Transfiguración? Los Evangelios nos dan dos razones. Primera: no sabía qué decir. Segunda: estaba rendido de sueño (véase Lucas 9:32).

Este fue un momento inoportuno para dormirse. ¡Imagínese lo que Pedro hubiera visto si hubiera estado bien despierto y alerta!

Esta, por supuesto, no sería la última vez que Pedro (junto con Jacobo y Juan) se dormiría mientras velaba. En el huerto de Getsemaní, Jesús les pidió que se quedaran despiertos (véase Mateo 26:38; Marcos 14:34). Entonces se fue un poco adelante y comenzó a orar. Cuando regresó, estaban todos dormidos. Se perdieron un evento significativo en la vida del Señor.

> ¿No pudiste **velar** conmigo ni siquiera una hora? Velen y oren para que no **cedan** ante la tentación, porque el espíritu está dispuesto, pero el cuerpo es débil».
>
> JESÚS, EN MARCOS 14:37-38, NTV

Me pregunto cuánto nos perdemos debido a nuestra somnolencia espiritual. ¿Cuántas veces estamos durmiendo desde el punto de vista espiritual cuando Dios quiere hablarnos por medio de su Palabra? Porque estamos demasiado preocupados con otras cosas, no tenemos la disciplina de recoger la Biblia y leerla. ¿Cuántas veces estamos durmiendo en lo espiritual en vez de ir a la iglesia y alimentarnos de la Palabra de Dios? ¿Cuántas veces estamos dormidos en lo espiritual cuando el Señor quisiera que habláramos por Él? Estamos en vigilia, pero adormecidos.

Como los discípulos, nosotros también podemos perdernos lo que Dios quiere hacer en y por medio de nosotros. Necesitamos estar despiertos. Necesitamos estar alertas. Necesitamos prestar atención.

La invitación del Señor a su pueblo

No somos de la noche ni de las tinieblas. Por tanto, no durmamos como los demás, sino velemos y seamos sobrios.

1 TESALONICENSES 5:5-6

Con Dios en oración

Si has estado en una somnolencia espiritual, humíllate y confiésalo delante del Señor.

Muévete más allá de la somnolencia espiritual

¿Qué debes hacer hoy para mantenerte despierto, alerta y atento a la dirección del Espíritu Santo?

Tus reflexiones... aplicación a tu vida... tus motivos de oración...

DEJEMOS QUE DIOS ELIJA

Cuando mi hijo mayor era un niñito, lo llevaba a la juguetería. Al pasear y mirar por la tienda, le decía que escogiera algo para él. Mientras él examinaba los pequeños muñecos de acción de La guerra de las galaxias, yo miraba el avión de caza estelar Ala-X con control remoto, y pensaba que eso era lo que le quería comprar (en parte porque yo quería jugar con el avión también). Cuando él me mostraba un muñequito de La guerra de las galaxias, yo respondía: «Quería comprarte algo mejor que eso». Siempre aceptaba mi idea.

Después de un tiempo, comenzó a aprender algo: a su papá le gustaba comprarle regalos a sus hijos. Mi hijo llegó a entender que era mejor decir: «No sé lo que quiero, Papá; escógelo tú por mí». Comprendió que mis elecciones a menudo eran mejor de lo que él hubiera escogido por su cuenta.

> Y a Aquel que es **poderoso** para hacer todas las cosas mucho **más abundantemente** de lo que pedimos o entendemos, según el poder que actúa en nosotros...
> EFESIOS 3:20

¿Le has dicho al Señor alguna vez: «Esta es la manera en la que pienso que debes obrar. Pero no sea lo que yo quiero, sino lo que quieres tú»?

Quizá respondas: «Eso no se lo digo a Dios. Si se lo dijera, me haría hacer algo que yo no quiero». Pero pensar de esta manera refleja un concepto distorsionado de Dios, una equivocación de que su voluntad siempre va a ser algo poco deseable.

Dios tal vez te esté diciendo que no con respecto a algo que le has pedido porque quiere darte algo mucho mejor que lo que tú pudieras pedir o concebir. No temas dejar que tu Padre elija por ti.

La invitación del Señor a su pueblo

No actúen sin pensar, más bien procuren
entender lo que el Señor quiere que hagan.

EFESIOS 5:17, NTV

Con Dios en oración

Dale gracias a Dios porque lo que Él elige para ti, siempre es mejor
que tu propia elección.

Muévete más allá de resistir las elecciones de Dios

Ahora mismo, ¿en cuáles áreas importantes de tu vida será más
crucial que le digas al Señor: «No se haga lo que yo quiero, sino lo
que quieres tú»? Evalúa con sinceridad si de veras crees que las
elecciones de Él son mejores que las tuyas en estas áreas.

Tus reflexiones... aplicación a tu vida... tus motivos de oración...

MENTALIDAD DE TABLOIDE

Parece como si estamos viviendo en un día de mentalidad de tabloide. Nunca he visto una cultura y sociedad tan obsesionada con el chisme, las insinuaciones y los rumores. Solo enciende el televisor y encontrarás todo tipo de programas que examinan las vidas personales de otros.

La mentalidad de tabloide incluso ha penetrado las agencias de noticias, donde los reporteros están en busca de jugosos trocitos de chisme. La tragedia es que siempre que se acusa a alguien de un crimen hoy, lo juzgamos en los medios de comunicación antes de que haya tenido la oportunidad de entrar a una corte de justicia donde se presente la evidencia y se enfrente a sus acusadores.

Es triste, pero esta manera de pensar aun puede entrar en la Iglesia. Cuando oímos algo negativo acerca de alguien, enseguida nuestros oídos están bien atentos. ¿Pero qué nos dice la Biblia? Dice que el amor cree lo mejor de cada persona; no dice que el amor cree lo peor.

Esto significa que cuando alguien dice algo acerca de un hermano cristiano, tú inmediatamente debes tener un poco de incredulidad en tu corazón. La razón es que tú debes creer lo mejor sobre esa persona. Debemos ser cuidadosos, porque muchas veces aceptamos un rumor como la verdad. Entonces, para colmo, comenzamos a repetir lo que hemos oído sin examinar los hechos.

El alborotador siembra **conflictos**; el chisme separa a los mejores **amigos**.
PROVERBIOS 16:28, NTV

En la Biblia aprendemos que una de las cosas que Dios odia es la persona que siembra discordia entre los demás (véase Proverbios 6:16-19). Esa es la persona que riega rumores, que disemina insinuaciones y que calumnia a otros. Dios odia esto.

No seas alguien que riega rumores. No seas alguien que dice chismes. Es malo. Es pecaminoso. Y desagrada a Dios.

La invitación del Señor a su pueblo

No andarás chismeando entre tu pueblo.

LEVÍTICO 19:16

No admitirás falso rumor.

ÉXODO 23:1

Con Dios en oración

Alábale por ser un Dios de verdad que odia la falsedad, así como también la discordia en su familia. Confiésale cualquier forma en que pudieras haberle desagradado en estas áreas.

Muévete más allá de una mentalidad de tabloide

¿Puedes recordar una conversación en la que te permitiste chismear o regar algún rumor falso? Si es así, busca a la persona con la que hablaste y pídele perdón por este pecado.

Tus reflexiones... aplicación a tu vida... tus motivos de oración...

TEN SUFICIENTE COMPASIÓN COMO PARA CONFRONTAR

Después de observar el comportamiento de algunas personas, uno pensaría que sus Biblias tienen un versículo que dice: «Si alguien cae en pecado, vaya y dígaselo al mayor número de personas posible. Luego trate de ahuyentar a esa persona». Pero eso no es lo que las Escrituras nos dicen que hagamos. En Mateo 18, Jesús nos da los pasos que debemos tomar cuando parece que alguien ha caído en el pecado (y enfatizo la palabra *parece*).

Primero, debemos conocer todos los datos. Cuando escuches algo acerca de alguien, en vez de hablar de ello, decide ir a esa persona y dile: «Oí esto acerca de ti. ¿Es verdad?». Puede ser que el asunto se resuelva de inmediato.

> Amados hermanos, si **otro** creyente está dominado por algún pecado, ustedes, que son espirituales, deberían ayudarlo a volver al camino recto con **ternura** y **humildad**. Y tengan mucho cuidado de no caer ustedes en la misma **tentación**.
>
> GÁLATAS 6:1, NTV

Pero no ir a alguien cuando sabes que se está cometiendo un pecado es en realidad hacerle a ese individuo, y a la Iglesia en general, el mayor daño. Las Escrituras dicen: «Un poco de levadura leuda toda la masa» (Gálatas 5:9). En la mayoría de los casos, es raro que un creyente se acerque a otro creyente que peca o a un creyente que, según se dice, está pecando. En vez de procurar ayudar a una persona que quizá no haya cometido ningún pecado, terminan por calumniar al individuo. Esto está mal. Si esto te ha sucedido, sabe cuán doloroso puede ser.

Recuerda, el diablo desea volver a un cristiano contra el otro. Nos atacará desde afuera, y cuando esto no de resultados, con frecuencia buscará infiltrarse en nuestras filas y dividirnos.

La invitación del Señor a su pueblo

Si tu hermano peca contra ti, ve y repréndele estando tú y él solos; si te oyere, has ganado a tu hermano. Mas si no te oyere, toma aún contigo a uno o dos, para que en boca de dos o tres testigos conste toda palabra. Si no los oyere a ellos, dilo a la iglesia; y si no oyere a la iglesia, tenle por gentil y publicano.

JESÚS, EN MATEO 18:15-17

Con Dios en oración

Ora en contra de las tácticas que el enemigo usa para producir desunión en su Iglesia y el cuerpo de Cristo en este momento. Pídele al Señor que derrote estas tácticas.

Muévete más allá de la falta de compasión

¿Hay algún creyente que debes confrontar con respecto a un pecado? Si es así, decide cuándo y dónde confrontar a esta persona, y pídele a Dios que te fortalezca con sabiduría, humildad y amor cuando tú hables.

Tus reflexiones... aplicación a tu vida... tus motivos de oración...

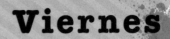

¿POR QUÉ PERDONAR?

¡Qué maltrato! Los hermanos de José le habían hecho muchas cosas horribles. Lo traicionaron (su propia sangre y carne) y lo vendieron como esclavo. Pero a través de una increíble serie de sucesos dirigidos por la mano de Dios, José llegó a ser el segundo hombre más poderoso en el mundo de ese momento de la historia.

Llegó el día cuando sus hermanos fueron llevados ante él, los mismos que lo habían traicionado. Con una palabra, ellos podrían haber quedado sin cabeza. Ese pudo haber sido el momento de venganza de José. Pero mira lo que él les dijo a sus hermanos:

> —No me tengan miedo. ¿Acaso soy Dios para castigarlos? Ustedes se propusieron hacerme mal, pero Dios dispuso todo para bien. Él me puso en este cargo para que yo pudiera salvar la vida de muchas personas.
>
> GÉNESIS 50:19-20, NTV

¿Merecían los hermanos de José ser perdonados? No. Pero si recurrimos a esa clase de pensamiento, debemos preguntarnos: «¿Merecemos nosotros que Dios nos perdone?». No. Así que debemos perdonar como Dios nos ha perdonado.

> Entonces se le acercó Pedro y le dijo: Señor, ¿cuántas veces **perdonaré** a mi hermano que **peque** contra mí? ¿Hasta siete? Jesús le dijo: No te digo hasta siete, sino aun hasta **setenta** veces siete.
>
> MATEO 18:21-22

Perdona... y olvida. De nada vale enterrar el hacha de guerra si estás determinado a marcar el lugar donde la enterraste. Olvídalo. Déjalo atrás. Avanza.

Pero si tú rehúsas perdonar a las personas que te han hecho daño, te convertirás en una persona amargada. El problema de la amargura es que infecta a los que te rodean (véase Hebreos 12:14-15).

Si alguien ha pecado contra ti, tienes que aprender a perdonar. Yo sé que no es algo fácil. Pero cuando uno perdona, pone en libertad a un prisionero... a ti mismo.

La invitación del Señor a su pueblo

Sed benignos unos con otros, misericordiosos, perdonándoos unos a otros, como Dios también os perdonó a vosotros en Cristo.

EFESIOS 4:32

Con Dios en oración

Si estás batallando con la falta de perdón y la amargura hacia alguien que ha pecado contra ti, confiésalo a Dios. Dale gracias por la plenitud de su perdón por ti.

Muévete más allá de la falta de perdón

¿Cómo puedes avanzar de forma positiva en tus relaciones con aquellos que necesitan tu perdón?

Tus reflexiones... aplicación a tu vida... tus motivos de oración...

SEÑOR DE TODO

Fue George Bernard Shaw el que dijo: «Hay dos fuentes de infelicidad en la vida. Una es no obtener lo que uno quiere. La otra es obtenerlo».

Esta declaración me recuerda al joven rico que fue a Jesús buscando respuestas (véase Mateo 19:16-22). Ahí había alguien que, en particular, debía sentirse contento y realizado. Tenía gran influencia y afluencia. Pero a pesar de esto, le faltaba algo en su vida. Le dijo a Jesús: «Maestro bueno, ¿qué bien haré para tener la vida eterna?».

Jesús respondió: «Si quieres entrar en la vida, guarda los mandamientos». Jesús no estaba insinuando que nos era posible salvarnos guardando los Diez Mandamientos. Más bien, Jesús presentaba los Diez Mandamientos como un espejo a este hombre para mostrarle su pecado.

El joven contestó: «Todo esto lo he guardado desde mi juventud. ¿Qué más me falta?».

Creo que es probable que Jesús sonriera al oír esto. Veía cuál era el problema de este hombre. Así que intensificó los requisitos: «Si quieres ser perfecto, anda, vende lo que tienes, y dalo a los pobres, y tendrás tesoro en el cielo; y ven y sígueme».

> Cualquiera de vosotros que no **renuncia** a todo
> lo que posee, no puede ser mi discípulo.
>
> JESÚS, EN LUCAS 14:33

Jesús conocía el problema particular de este joven rico: las posesiones poseían su alma. A otra persona, Jesús tal vez le hubiera señalado algo del todo diferente. Las cosas que impiden nuestra relación con Cristo y el progreso espiritual variarán de persona en persona.

Nos conviene llegar delante de Jesús y preguntar: *Señor, ¿hay algo en mi vida que está limitando mi relación contigo?*

La invitación del Señor a su pueblo

Honren en su corazón a Cristo como Señor.

1 PEDRO 3:15, NVI

Con Dios en oración

Pídele que te muestre cualquier posesión, actividad o relación que esté impidiendo tu relación con Él. Reconoce su propiedad y autoridad sobre estas cosas.

Muévete más allá de los obstáculos en tu relación con Jesús

¿De cuáles posesiones debes deshacerte? ¿De cuáles actividades o relaciones debes alejarte?

Tus reflexiones... aplicación a tu vida... tus motivos de oración...

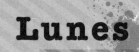
LAS RECOMPENSAS DE LAS BUENAS ELECCIONES

Jesús le dijo al joven rico que vendiera todas sus posesiones y diera el dinero a los pobres; el joven decidió que no podía hacer lo que Jesús le pedía. Como resultado, «Se fue triste» (Mateo 19:22).

Pedro había escuchado la conversación. Eso le había revelado, sin sombra de duda, que las posesiones poseían el alma de este joven rico.

Después de ver lo que este joven no podía dejar, Pedro se expresó: «He aquí, nosotros lo hemos dejado todo, y te hemos seguido; ¿qué, pues, tendremos?» (Mateo 19:27). En otras palabras: «¿Qué ganamos con eso?».

Ahora, ¿qué es lo que Pedro dejó en realidad? Dejó unas pocas redes estropeadas y un bote de pescar. Hay que reconocer que no era mucho. Pero lo dejó.

Jesús le contestó de esta manera: «De cierto os digo que no hay ninguno que haya dejado casa, o hermanos, o hermanas, o padre, o madre, o mujer, o hijos, o tierras, por causa de mí y del Evangelio, que no reciba cien veces más ahora en este tiempo; casas, hermanos, hermanas, madres, hijos, y tierras, con persecuciones; y en el siglo venidero la vida eterna» (Marcos 10:29-30).

Jesús estaba diciendo: «Habrá una recompensa, Pedro».

El que no toma su **cruz** y sigue en pos de mí, no es digno de mí. El que halla su vida, la **perderá**; y el que pierde su vida por causa de mí, la **hallará**.

JESÚS, EN MATEO10:38-39

Esta promesa sigue válida hoy. Todo lo que hayas entregado por Jesús se te recompensará. Quizá has perdido una amistad aquí y allá. Tal vez hayas tenido que dejar un cierto estilo de vida. Has hecho cambios en tu vida, que debías hacer, y estos cambios han conllevado un costo o una pérdida. Pero Dios te recompensará.

Y luego, cuando mires hacia atrás, te será cada vez más claro que tomaste la decisión correcta de seguirlo a Él. No solo comprenderás que Dios te lo ha recompensado en esta vida, sino también que te lo recompensará en la eternidad cuando lo oigas decir: «Bien, buen siervo y fiel» (Mateo 25:21).

La invitación del Señor a su pueblo

Mas buscad primeramente el reino de Dios y su justicia, y todas estas cosas os serán añadidas.

JESÚS, EN MATEO 6:33

Con Dios en oración

Reconoce que todo en tu vida le pertenece a Dios y que Él tiene derecho de pedirte que dejes cualquier cosa.

Muévete más allá de una sensación de pérdida

Evalúa tu vida y las cosas que las llenan. ¿Te pide Dios que entregues algo?

Tus reflexiones... aplicación a tu vida... tus motivos de oración...

EN EL PODER DE SU ESPÍRITU

Cuando pensamos en ser llenos del Espíritu, con frecuencia lo relacionamos con una experiencia emocional o una sensación de euforia. Pero en realidad, cuando Dios nos dice que seamos «llenos del Espíritu» (Efesios 5:18), la palabra traducida como «llenos» también se pudiera traducir «controlados por». Es una palabra que habla de lo que pasa cuando el viento llena las velas de un barco y lo va guiando. Así que Dios está diciendo que debemos dejar que su Espíritu nos llene y controle nuestras vidas.

Otra cosa interesante es que el tiempo de esta palabra (en el idioma original) habla de algo que se debe hacer de continuo. Así que lo pudiéramos traducir: «Sed llenos de continuo del Espíritu». No es algo que ocurre solo una vez. Más bien es algo que ocurre una y otra vez, así como repetidas veces llenamos el tanque de gasolina de nuestros autos para que sigan andando.

Dios quiere llenarnos de nuevo de su Espíritu. Es algo maravillo decir cada día: *Señor, lléname de tu Espíritu. Señor, lléname otra vez.*

> Así que, si ustedes, gente **pecadora**, saben dar **buenos** regalos a sus hijos, cuánto más su Padre celestial **dará** el Espíritu Santo a quienes lo pidan.
>
> JESÚS, EN LUCAS 11:13

Tal vez hayas tenido experiencias emocionales. Tal vez no las hayas tenido. Pero eso tiene muy poco que ver con la realidad de ser llenos del Espíritu.

Otra cosa que no debemos pasar por alto en cuanto a esta frase de Efesios 5:18 es que es un mandato, no una sugerencia. Las

Escrituras no nos dicen: «Si esto funciona con su agenda, si no le es molestia, ¿sería tan amable como para quizá considerar dejar que el Espíritu Santo le llene y controle?». Más bien Dios nos manda, nos da la orden, de ser llenos del Espíritu Santo.

La invitación del Señor a su pueblo

No os embriaguéis con vino, en lo cual hay disolución; antes bien sed llenos del Espíritu.

EFESIOS 5:18

Con Dios en oración

Alaba y dale gracias a Dios por el don maravilloso de su Espíritu. Y dile: «Señor, lléname con tu Espíritu. Señor, lléname otra vez».

Muévete más allá de la falta de poder espiritual

Piensa en esto: ¿Cómo sabes que estás lleno del Espíritu? ¿Cómo sabes cuando no lo está? Evalúate con sinceridad, para que siempre puedas presentar tu verdadera condición delante de Dios en oración.

Tus reflexiones... aplicación a tu vida... tus motivos de oración...

AGRADECIDO EN TODO

En su maravilloso libro, *El refugio secreto,* Corrie ten Boom relata una increíble historia acerca de la importancia de ser agradecido. Corrie y su hermana, Betsy estaban presas en un campo de concentración conocido como Ravensbrück, donde vivían en barracas infestadas de piojos. Había piojos por todas partes; en su pelo y en sus cuerpos. Un día Betsy le dijo:

—Corrie, debemos darle gracias a Dios por los piojos.

—Betsy —respondió Corrie—, te has pasado esta vez. No le voy a dar gracias a Dios por los piojos.

—Ay, Corrie —dijo Betsy—, la Biblia nos dice: «Dad gracias en todo».

Aun así, Corrie no quería darle gracias a Dios por los piojos. Resulta que Corrie y Betsy estaban tratando de alcanzar a las otras mujeres de su barraca con el mensaje del Evangelio, y habían tenido estudios bíblicos. Corrie supo después que, debido a los piojos, los guardias nunca entraban a esos cuarteles, y por lo tanto, pudieron tener sus estudios bíblicos. Como resultado, guiaron a muchas mujeres al Señor. Así que resulta que Dios incluso puede usar a los piojos.

> Dad **gracias** en todo, porque esta es la voluntad de Dios para con vosotros en Cristo Jesús.
>
> 1 TESALONICENSES 5:18

Si la Biblia dijera: «Dad gracias en algunas cosas», yo diría: «¡No hay problema!». Pero dice: «Dad gracias en todo». Eso no es nada fácil.

Este versículo no dice que debemos dar gracias *por* todo, sino *en* todo. Hay algunas cosas que pasan, y me alegra que hayan pasado. Pero me alegro que, a pesar de las tragedias, Dios siga sentado en su trono, y todavía tiene control de todas las circunstancias que rodean mi vida.

La invitación del Señor a su pueblo

Sed agradecidos.

COLOSENSES 3:15

Con Dios en oración

Toma bastante tiempo hoy para expresar tu agradecimiento a Dios por la gracia y las bendiciones que Él derrama sobre tu vida.

Muévete más allá de la ingratitud

Cuando no eres agradecido, ¿cómo afecta tus actitudes y acciones? Evalúa tu vida con honestidad en esta área.

Tus reflexiones... aplicación a tu vida... tus motivos de oración...

CONOCER SU VOLUNTAD

Hallamos una promesa condicional en Romanos 12:1-2:

> Hermanos, os ruego por las misericordias de Dios, que presentéis vuestros cuerpos en sacrificio vivo, santo, agradable a Dios, que es vuestro culto racional. No os conforméis a este siglo, sino transformaos por medio de la renovación de vuestro entendimiento, para que comprobéis cuál sea la buena voluntad de Dios, agradable y perfecta.

En este pasaje la promesa es que uno puede conocer cuál es la perfecta voluntad de Dios para su vida. Las condiciones son que uno debe presentarse delante de Dios y no conformarse a este siglo.

Observa el orden. Primero, uno se ofrece en sacrificio vivo, y después conoce la voluntad de Dios. Tendemos a querer conocer primero la voluntad de Dios y luego decidir si queremos entregarnos a ella.

Me recuerda cuando mi hijo, Jonatán, era pequeño. Mi esposa le preguntaba: «¿Tienes hambre?».

Con frecuencia la respuesta era: «¿Qué estás cocinando?». Si eran vegetales, no tenía hambre en ese momento preciso. Pero si eran galletas, se estaba muriendo de hambre.

De la misma manera, a veces le decimos al Señor: *Señor, ¿cuál es tu voluntad? Antes de rendirme a ella, quisiera saber en lo que me estoy metiendo.* Pero Dios puede decirte algo que no quieres oír. Por lo tanto la verdadera pregunta es: ¿Vas a hacer lo que Él diga?

Se ha dicho que la condición de una mente iluminada es un corazón entregado. Si tú quieres conocer la voluntad de Dios, debes tener un corazón entregado. Preséntate delante de Él. Acepta su voluntad, sea cual sea.

La invitación del Señor a su pueblo

Por lo tanto, hermanos, tomando en cuenta la
misericordia de Dios, les ruego que cada uno de
ustedes, en adoración espiritual, ofrezca su cuerpo
como sacrificio vivo, santo y agradable a Dios.

ROMANOS 12:1, NVI

Con Dios en oración

Rinde tu corazón a Él y presenta tu vida entera a Él.

Muévete más allá de la ignorancia de la voluntad de Dios

¿Qué te está mostrando Dios acerca de su voluntad para ti? ¿Hay
algo que Él te pide y a lo que tú te resistes? Examina con franqueza
tu corazón en cuanto a este asunto, y confiesa y abandona cualquier
resistencia que descubras.

Tus reflexiones... aplicación a tu vida... tus motivos de oración...

PRUEBEN Y VEAN

Debemos recordar que la voluntad de Dios es buena. A veces tal vez no luce así, pero es cierto. Sin embargo, Él no suele darnos un plan detallado de su voluntad. Por lo general, Dios nos la revela poco a poco. Él ve el cuadro completo, mientras que nosotros solo vemos un poquito a la vez.

Si tú hubieras sido Jacob, el padre de José en el Antiguo Testamento, de cierto hubieses orado por el bienestar de tu hijo. Pero cuando José desapareció (después que sus hermanos lo vendieron como esclavo en secreto), con facilidad podrías haber protestado: «Dios, ¿qué estás haciendo? ¿Por qué permitiste esto?». Sin embargo, si Dios no lo hubiera permitido, José nunca habría llegado a tener una posición de influencia que le permitiera salvar el país y su propia familia.

Si tú hubieras sido la madre de Moisés, ¡cómo se hubiera quebrado tu corazón al ver llevar a tu propio hijo a la corte del Faraón! Pero todo era parte del plan de Dios para convertir a Moisés en un líder que podría guiar a Israel fuera de Egipto y de la esclavitud.

> Él es la Roca, sus obras son perfectas, y todos sus caminos son **justos**. Dios es **fiel**; no practica la injusticia. Él es **recto** y justo.
>
> DEUTERONOMIO 32:4, NVI

Si tú hubieras sido la madre de Jesús y hubieras visto a su hijo colgar en la cruz, con cuánta facilidad pudiera haber dicho: «Señor, ¿por qué permitiste esto?». Pero si Jesús no hubiera muerto en esa cruz y llevado nuestros pecados sobre sí mismo, no pudiéramos conocer la vida eterna.

Así que cuando veas la voluntad de Dios en pleno avance, no siempre va a parecer lógica. Pero debes creer que Dios sabe lo que hace. Su voluntad es buena. Solo espera hasta que Él termine lo que ha comenzado.

La invitación del Señor a su pueblo

Prueben y vean que el SEÑOR es bueno;
¡qué alegría para los que se refugian en él!

Salmo 34:8, NTV

Con Dios en oración

Dale gracias a Él porque su voluntad siempre es buena.

Muévete más allá de la insatisfacción con la voluntad de Dios

¿Cuáles acciones específicas puedes realizar hoy que tú sabes que son la voluntad de Dios?

Tus reflexiones... aplicación a tu vida... tus motivos de oración...

RIVALIDAD ENTRE HERMANOS

Creo que quizá nos esperen tres sorpresas grandes en el cielo: Una: muchas de las personas que esperamos ver no estarán ahí. Dos: muchas de las personas que nunca pensamos ver estarán ahí. Y tres: nosotros estaremos allí.

¿Recuerdas la historia del hijo pródigo? Salió, manchó el nombre de su familia, se juntó con prostitutas y malgastó su fortuna. Entonces un día entró en razón y volvió a casa. Su padre corrió a recibirlo, lo cubrió de besos y celebró una gran fiesta. Fue una tremenda celebración.

Mientras tanto, el hermano mayor del hijo pródigo estaba en el campo. Al oír la conmoción quiso saber lo que estaba pasando. Le dijeron que su hermano menor había regresado. Pero en vez de regocijarse, estaba molesto y celoso.

> Si una parte sufre, las demás partes sufren con ella y, si a una **parte** se le da honra, todas las partes se alegran. Todos ustedes en conjunto son el **cuerpo** de Cristo, y **cada uno** de ustedes es parte de ese cuerpo.
>
> 1 Corintios 12:26-27, NTV

Esto nos puede pasar. Vemos como Dios bendice a otro cristiano de una manera tangible, quizá con una promoción en el trabajo u otro tipo de bendición. Nuestra reacción es pensar que nosotros merecíamos más esa bendición.

O tal vez Dios pone su mano sobre cierto individuo y comienza a usarlo de una manera increíble. Entonces decimos: *Señor, un momento. Te he servido con fidelidad todos estos años. ¿Cómo es que este*

recién llegado se aparece y tú lo bendices? No es justo. Soy mucho más piadoso.
Estoy mucho más comprometido. Y sobre todo, soy mucho más humilde.

La verdad es que debemos regocijarnos cuando Dios se glorifique y el Evangelio sea predicado. En la familia de Dios no hay lugar para la rivalidad entre hermanos.

La invitación del Señor a su pueblo

Gozaos con los que se gozan.

ROMANOS 12:15

Con Dios en oración

Alábale y dale gracias por las muchas maneras sorprendentes en las que Él realiza su obra y sus propósitos. Agradécele en particular por su gracia, que es indudable en la manera sorprendente en la que usa y bendice a las personas.

Muévete más allá del celo espiritual

Si has tenido una actitud incorrecta hacia alguien que haya experimentado la bendición de Dios, confiésala y déjala a un lado ahora mismo.

Tus reflexiones... aplicación a tu vida... tus motivos de oración...

COLABORADORES DE DIOS

En 1 Samuel 30, encontramos la historia de David y sus soldados cuando regresan con el botín de una batalla triunfante. Les recibieron los que se habían quedado atrás para proteger el campamento y las provisiones del ejército. Entonces algunos de los soldados que pelearon en la batalla anunciaron que no compartirían nada del botín con los que se habían quedado en el campamento.

Me encanta la respuesta de David: «Conforme a la parte del que desciende a la batalla, así ha de ser la parte del que queda con el bagaje; les tocará parte igual» (1 Samuel 30:24).

Quizá Dios te ha llamado a servirle de tal manera que las personas siempre ven lo que tú haces. O tal vez te llamó a servirle en el fondo y apoyando a los que se ven. De cualquier modo, Dios te bendecirá y premiará en aquel día final.

Es posible que te sientas como que tu vida en realidad no marca una gran diferencia, o pienses que lo que tú tienes que ofrecerle a Dios no significa mucho. De cierto que te vas a sorprender en el cielo, porque lo que quizá no luzca muy valioso en la tierra será de gran valor en el cielo.

> El que **planta** y el que riega son una misma cosa; aunque cada uno **recibirá** su recompensa conforme a su labor.
>
> 1 Corintios 3:8

Leí una historia sobre un hombre que había encontrado un viejo jarrón azul y blanco cuando limpiaba su ático. Lo llevó a una subasta a venderlo, y pensaba que tal vez conseguiría unos veinte o treinta dólares por él. Para su sorpresa, el jarrón se vendió por $324.000. Era un jarrón chino original del siglo XV de la dinastía Ming.

Lo que quizá no luzca muy valioso ahora lo será después. Hasta entonces, debemos ser fieles a Dios con lo que nos ha dado para hacer.

La invitación del Señor a su pueblo

Sé fiel hasta la muerte, y yo te daré la corona de la vida.

APOCALIPSIS 2:10

Con Dios en oración

Dale gracias por el llamado y las responsabilidades específicas que Él te ha dado.

Muévete más allá de la infidelidad

¿Cuáles son las responsabilidades específicas que Dios ha puesto delante de ti hoy? Hazte el compromiso de ser fiel en esas responsabilidades... y llévalas a cabo.

Tus reflexiones... aplicación a tu vida... tus motivos de oración...

NO TENDRÁS DIOSES AJENOS

Cuando Dios entregó los Diez Mandamientos, comenzó por decir que no debíamos tener otros dioses delante de Él, ni hacernos imágenes. Eso significa que no debemos permitir que nada ni nadie ocupe el lugar de Dios en nuestra vida. La Biblia nos dice: «Queridos hijos, aléjense de todo lo que pueda ocupar el lugar de Dios en el corazón» (1 Juan 5:21, NTV).

> No tendrás dioses ajenos delante de mí. No te harás **imagen** [...] No te **inclinarás** a ellas, ni las honrarás; porque yo soy Jehová tu Dios, fuerte, **celoso**.
>
> ÉXODO 20:3-5

Las Escrituras nos advierten acerca de los ídolos, que incluyen objetos o imágenes esculpidas. Antes de descartar esto como un tema del período del Antiguo Testamento, consideremos cuántos íconos e imágenes religiosas tenemos en nuestra cultura hoy en día. Aunque no estoy diciendo que todos estos por necesidad sean malos, sí estoy diciendo que no los necesitamos para adorar a Dios.

Algunas personas dicen: «Necesito estas cosas para recordar a Dios». Pero una persona que conoce a Dios, lo ama y está viviendo en comunión con Él no necesita una imagen ni una representación de Dios para adorarle. Una dependencia de tales cosas indica la ausencia de una vida espiritual interior vital. Jesús dijo: «Dios es Espíritu; y los que le adoran, en espíritu y en verdad es necesario que adoren» (Juan 4:24).

No necesitamos imágenes. No necesitamos íconos. No necesitamos símbolos. Dios nos dice: «No se hagan imágenes de ningún tipo». Dale tu amor completo.

La invitación del Señor a su pueblo

No os volveréis a los ídolos.

LEVÍTICO 19:4

Con Dios en oración

Adórale con todo tu corazón, alma, mente y fuerza.

Muévete más allá de la idolatría

¿Te has sentido atraído a cualquier clase de imágenes que violen el mandamiento de Dios? Si es así, confiésalo y apártate de ellos.

Tus reflexiones... aplicación a tu vida... tus motivos de oración...

CAMINÓ ENTRE NOSOTROS

Una cosa que ha fascinado a la gente a través de los siglos, en particular a los artistas, es la interrogante de cómo lucía Jesús. Es interesante que en las Escrituras no se encuentre ninguna descripción física de Jesús, con la excepción de una figurativa en el libro de Apocalipsis. Uno podría pensar que en alguna parte de uno de los Evangelios alguien se hubiera tomado un momento para darnos por lo menos una idea de cómo Él lucía: «Ah, de paso, Jesús medía 1,65 metros y tenía el pelo medio rizado tirando a marrón y ojos verdes». Pero no hay nada como eso ahí.

> No mirando nosotros las cosas que se
> ven, sino las que no se ven.
> 2 CORINTIOS 4:18

Las profecías acerca del Mesías indican que Él tendría una barba (véase Isaías 50:6) y que no habría nada en su apariencia física para hacerle atractivo en particular (véase 53:2). No sabemos nada más, así que no podemos visualizar con precisión cómo lucía. ¿Te preguntas por qué eso es así?

Creo que quizá sea porque Dios conoce nuestra propensión a la idolatría. Así que dejó fuera de las Escrituras cualquier descripción física de Jesús, porque sabía que hubiéramos terminado adorando a su imagen y olvidándolo por completo a Él.

Para ser muy sincero, tengo serias dudas de que Él luciera como el Jesús que con tanta frecuencia se ha descrito a través de la historia. No creo que Jesús fuera rubio con unos penetrantes ojos azules. Ya que Él era de Israel, es probable que su pelo y piel hayan sido más bien oscuros. Sus ojos también deben haber sido oscuros. Pero eso en realidad no es importante ¿verdad?

Dios no nos dio una descripción física de su Hijo. Quiere que nos concentremos en la realidad mayor de quién fue y es Jesús: el Hijo de Dios y Dios Hijo, por completo Dios y por completo Hombre.

La invitación del Señor a su pueblo

He aquí el Cordero de Dios.

JUAN 1:29

Con Dios en oración

Alábale por enviar a su Hijo a nuestro mundo en forma corporal. Dale gracias al Señor Jesús por tener también su condición humana y así llevar el castigo por tus pecados.

Muévete más allá de la idolatría

Concéntrate en la descripción de Jesucristo resucitado y glorificado que se le dio al apóstol Juan (¡y a nosotros!) en Apocalipsis 1:12-16.

Tus reflexiones... aplicación a tu vida... tus motivos de oración...

NADA DE ÍDOLOS

Dios nos ordena no tener ídolos (véase Éxodo 20:3), cualquier cosa que ocupe el lugar de Dios en nuestra vida. Hay muchas cosas que pueden ser ídolos. Su carrera puede convertirse en un rival de Dios. También lo puede ser una posesión. Y también una relación. Un ídolo es cualquier objeto, idea, filosofía, hábito, ocupación, deporte o cualquier cosa que represente su principal preocupación y lealtad, o que disminuya su confianza y lealtad a Dios.

Alan Redpath nos ayuda a entender la idolatría: «Nuestro dios es la persona que creemos que es la más preciosa, por quien haríamos el mayor sacrificio, quien mueve nuestro corazón con el amor más tierno. Es la persona que, si la perdiéramos, nos dejaría desconsolados».

Esta definición en realidad nos ensancha las posibilidades, ¿no es cierto? Hay muchas cosas que podría calificar como ídolos en nuestras vidas. Es un hecho que es cierto, pero aterrador, que alguien puede asistir a la iglesia todos los domingos y aun ser un idólatra.

Sabemos que un ídolo nada es en el mundo, y que no hay más que un Dios. Pues aunque haya algunos que se llamen dioses, sea en el **cielo**, o en la tierra (como hay muchos dioses y muchos señores), para nosotros, sin embargo, sólo hay un Dios, el **Padre**, del cual proceden todas las cosas, y nosotros somos para él; y **un** Señor, Jesucristo, **por medio** del cual son todas las cosas, y nosotros por medio de él.

1 CORINTIOS 8:4-6

¿Hay algo en tu vida que, si Dios te lo pidiera, dirías: *Por nada del mundo*? ¿Hay algo que, si el Señor te lo demandara, tú contestarías:

Cualquier cosa, pero no esto? Si es así, quizá ese algo, esa búsqueda o pasión, es un ídolo en tu vida.

¿Tienes hoy un ídolo en tu corazón? ¿Hay alguien o algo más precioso para ti que Dios mismo? Cualquier persona o búsqueda que ocupe el lugar de Dios no te satisfará. Deja que Él sea tu Señor. Déjale ser tu Dios. Él te satisfará.

La invitación del Señor a su pueblo

Huid de la idolatría.

1 CORINTIOS 10:14

Con Dios en oración

Reconoce su legítima autoridad, sobre todo lo que tú eres y tienes.

Muévete más allá de la idolatría

Si hay algo en tu vida que es un rival de Dios, déjalo hoy.

Tus reflexiones... aplicación a tu vida... tus motivos de oración...

SÉ SINCERO EN LO QUE DIGAS

Una de las maneras más obvias de tomar el nombre del Señor en vano es a través de la profanidad. Para desdicha, la mayoría de nosotros ha oído el nombre del Señor tomado en vano en ese sentido. Eso siempre me molesta porque están hablando de mi Señor. Incluso nos podríamos encontrar corrigiendo a alguien. Tal vez digamos: «No debes tomar el nombre del Señor en vano». Y tendríamos razón.

No tomarás el nombre de Jehová tu Dios en vano; porque no dará por **inocente** Jehová al que tomare su nombre en vano.

ÉXODO 20:7

Pero sabías que la profanidad no es la única manera de tomar su nombre en vano. La frase «en vano» describe a algo vacío, inerte, insincero y frívolo. Piensa en eso. Tomar su nombre en vano significa usar su nombre de una manera vacía, insincera o frívola.

Como cristianos, a menudo usamos clichés espirituales como «Dios te bendiga», «Gloria a Dios», «Voy a orar por ti». Estas declaraciones no son malas en sí, pero si las decimos, debemos ser sinceros. No debemos decir «Gloria a Dios», ni «Dios te bendiga» cuando nuestro corazón en realidad no lo sienta. Cuando le decimos a alguien «Voy a orar por ti», debemos orar por esa persona. De lo contrario, ni siquiera lo debemos decir.

Jesús dijo: «¿Por qué me llamáis, Señor, Señor, y no hacéis lo que yo digo?» (Lucas 6:46). Cuando decimos que Él es nuestro Señor sin hacer lo que Él dice que debemos hacer, eso es el colmo de tomar su nombre en vano.

La hipocresía en la Iglesia es mucho peor que la profanidad en la calle. Tengamos cuidado de no tomar su nombre en vano.

La invitación del Señor a su pueblo

Pero ustedes deben hacer lo siguiente:
Digan la verdad unos a otros.

ZACARÍAS 8:16, NTV

Con Dios en oración

Cae de rodillas y reconoce la santidad del nombre del Señor.

Muévete más allá de tomar el nombre del Señor en vano

¿De qué maneras específicas debes crecer para ser más fiel y puro en cuanto a cómo usas el nombre del Señor?

Tus reflexiones... aplicación a tu vida... tus motivos de oración...

RECUERDA A DIOS

Los Diez Mandamientos se pueden dividir en dos secciones. Los primeros cuatro tratan de nuestra relación con Dios, mientras que los seis que siguen tratan de nuestras relaciones con las personas. En los mandamientos referentes a nuestra relación con Dios, el último concierne al Sabbat (día de reposo). El día de reposo era algo que se separaba para el pueblo de Dios, un día en que debían adorar al Señor y descansar de sus labores. Dios en esencia les estaba diciendo que honraran este día como un día santo para Él.

Pero también creo que el día de reposo apuntaba hacia algo más que un período de veinticuatro horas. De hecho, el Nuevo Testamento nos dice: «Queda un reposo para el pueblo de Dios. Porque el que ha entrado en su reposo, también ha reposado de sus obras, como Dios de las suyas» (Hebreos 4:9-10).

El reposo hacia el cual nos dirige el Sabbat es un descanso en nuestra relación con Dios, en el que reconocemos que no tenemos que hacer cosas para ganar su aprobación, sino que hemos hallado su aprobación en lo que Cristo hizo por nosotros.

> Acuérdate del día de reposo para **santificarlo**.
> Seis días trabajarás, y harás toda tu obra; mas el
> séptimo día es **reposo** para Jehová tu Dios.
> ÉXODO 20:8-10

En nuestra sociedad moderna, en la que tanto trabajamos para obtener el éxito, parece que pocas personas separan un tiempo para recordar a Dios y darle gracias por todo lo que Él ha hecho por ellos. Parecemos estar demasiado ocupados para Dios, hasta que nos golpea una crisis y de repente encontramos tiempo para pedir su ayuda.

Asegurémonos de separar tiempo para honrar a Dios y darle gracias por todo lo que Él ha hecho por nosotros.

La invitación del Señor a su pueblo

Mis días de reposo guardaréis. Yo Jehová vuestro Dios.

LEVÍTICO 19:3

Con Dios en oración

Reconoce la sabiduría de Dios al darnos el regalo del día de reposo.

Muévete más allá de estar demasiado ocupado para Dios

Evalúa tu vida con sinceridad en cuanto a este tema: ¿Estás agradando a Dios en la manera que usas tu tiempo en el día de reposo? ¿Le estás dejando a Él el tiempo que le pertenece?

Tus reflexiones... aplicación a tu vida... tus motivos de oración...

EL PROBLEMA DE LA IRA

El sexto mandamiento prohíbe a todas luces que le quitemos la vida a otro ser humano sin una razón justificada. Quizá digamos: «Bueno, nunca he matado a nadie. Por lo menos puedo decir que no he quebrantado este mandamiento». Pero en el Sermón del Monte, Jesús declaró:

> Oísteis que fue dicho a los antiguos: No matarás; y cualquiera que matare será culpable de juicio. Pero yo os digo que cualquiera que se enoje contra su hermano, será culpable de juicio; y cualquiera que diga: Necio, a su hermano, será culpable ante el concilio; y cualquiera que le diga: Fatuo, quedará expuesto al infierno de fuego.
>
> MATEO 5:21-22

Así que el enojo en nuestro corazón puede ser como matar a alguien. «Todo aquel que aborrece a su hermano es homicida; y sabéis que ningún homicida tiene vida eterna permanente en él» (1 Juan 3:15). La palabra que aquí se traduce «aborrece» significa «despreciar por costumbre». No está hablando de una mera emoción pasajera, sino un odio bien arraigado.

Todos perdemos los estribos de vez en cuando. Pero esto se refiere a odiar, despreciar o aborrecer a alguien. Es permitir que crezca la amargura por alguien a través de un período de tiempo, hasta el punto de que uno esté hirviendo cada vez que ve a esa persona u oye mencionar su nombre.

No matarás.
ÉXODO 20:13

Difundir mentiras acerca de otros, chismear acerca de ellos, o asesinar su carácter puede ser como matarlos. Si amas a Dios, amarás a tu prójimo. Y si amas a tu prójimo, no le harás estas cosas.

La invitación del Señor a su pueblo

Andéis como es digno de la vocación con
que fuisteis llamados... soportándoos con
paciencia los unos a los otros en amor.

EFESIOS 4:1-2

Con Dios en oración

Alaba y dale gracias a Dios por crear a los seres humanos conforme a su propia imagen, y reconoce delante de Él el carácter sagrado y la dignidad natural que pertenece a la vida de cada persona que tú jamás conocerás.

Muévete más allá del enojo hacia los demás

¿Eres culpable de sentir enojo hacia alguien? Confiesa este pecado y aléjate de él. Si expresaste tu enojo de alguna manera hacia esta persona, ve y pídele perdón.

Tus reflexiones... aplicación a tu vida... tus motivos de oración...

UNA PALABRA
A LOS NIÑOS

El quinto de los Diez Mandamientos tiene que ver con la familia, pero en esencia establece la base de cómo debemos tratar a nuestro prójimo. La familia provee la fuerza en nuestros países hoy. Se ha dicho que la familia puede sobrevivir sin una nación, pero que una nación no sobrevive sin la familia.

La Biblia dice: «Hijos, obedeced en el Señor a vuestros padres, porque esto es justo» (Efesios 6:1). ¿Por qué deben los hijos obedecer a sus padres? Porque Dios dice que eso es lo que se debe hacer. Eso es lo único que necesitas saber.

Eso se parece a cuando estabas creciendo y le preguntabas a Mamá o a Papá:

—¿Por qué tengo que hacer esto?

—Porque te he dicho que lo hagas.

—Pero no entiendo.

—Yo sé. Un día vas a entender. Pero por ahora, es porque te he dicho que lo hagas.

> Honra a tu padre **y** a tu madre, para que tus **días** se alarguen en la tierra que Jehová tu Dios **te da**.
> ÉXODO 20:12

Lo que es correcto o incorrecto no se basa en lo que pensemos o en un consenso de lo que piensen los demás. Algo es correcto porque Dios dice que es así. Algo es incorrecto porque Dios dice que es así.

No hace falta decir que esto va en contra de la predilección cultural de hoy. En estos días oímos más acerca de los derechos de los niños que de sus responsabilidades. No solo se espera que los niños se rebelen, sino que se les estimula a hacerlo. Sin embargo, ese no es el plan de Dios.

Hay una promesa doble (tanto en Deuteronomio 5:16 como en Efesios 6:3) que se asocia con la obediencia a los padres. Primero, «para que te vaya bien», lo cual promete una calidad de vida. Segundo, «para que sean prolongados tus días... sobre la tierra», lo que promete una cantidad de vida.

La invitación del Señor a su pueblo

Hijos, obedeced en el Señor a vuestros padres, porque
esto es justo. Honra a tu padre y a tu madre, que es
el primer mandamiento con promesa; para que te
vaya bien, y seas de larga vida sobre la tierra.

EFESIOS 6:1-3

Con Dios en oración

Dale gracias por su sabiduría al establecer la autoridad paternal para tu familia.

Muévete más allá de la desobediencia a los padres

Si eres padre, ¿tienen tus hijos plena consciencia de este mandamiento? ¿Lo están obedeciendo? Si no, habla con ellos acerca de esto. Que tomen conciencia de este pecado en sus vidas, su responsabilidad ante Dios en esta área y la prometida recompensa que Dios les da por su obediencia.

Tus reflexiones... aplicación a tu vida... tus motivos de oración...

LUGARES VULNERABLES

El séptimo mandamiento nos dice que no debemos cometer adulterio. Muchas personas dirán: «Pues yo nunca he hecho eso». Pero Jesús dijo en el Sermón del Monte: «Oísteis que fue dicho: No cometerás adulterio. Pero yo os digo que cualquiera que mira a una mujer para codiciarla, ya adulteró con ella en su corazón» (Mateo 5:27-28). Por supuesto, esto se aplica a la mujer también, si ella mira a un hombre para codiciarlo.

La palabra que Jesús usó para decir «mira» no significa una mera mirada casual; en el idioma original se refiere al acto de mirar de forma continuada. Eso no es una mirada incidental o involuntaria, sino contemplar de modo intencional y repetidas veces.

Jesús no habla de una exposición inesperada e inevitable a la tentación sexual. Se refiere a alguien que a propósito se pone en un lugar vulnerable. Comprende la diferencia. Todos vivimos en un mundo perverso; es trágico, pero no tenemos que ir muy lejos para ver imágenes sexuales explícitas. Está la televisión. Y por supuesto, está la Internet. Incluso si has cuidado de evitar estas tentaciones en tu hogar, cuando entres a un centro comercial o una tienda hoy habrá monitores exhibiendo videos, además de carteleras y anuncios en todas partes. Así que de una forma constante quedamos expuestos a la tentación sexual.

Así Dios nos ha entregado sus preciosas y **magníficas** promesas para que ustedes, luego de escapar de la corrupción que hay en el mundo debido a los malos deseos, lleguen a tener parte en la **naturaleza** divina.

2 Pedro 1:4, NVI

La persona que Jesús describe que comete adulterio en su corazón es la que a propósito se coloca en un lugar obvio de tentación. Aquellos que aman a Dios y quieren agradarle no harán esto.

La invitación del Señor a su pueblo

No cometerás adulterio.

ÉXODO 20:14

Con Dios en oración

Dale gracias por su sabiduría al requerir pureza sexual en tu cuerpo, en tus pensamientos y en tus palabras y acciones.

Muévete más allá del adulterio

¿Eres culpable de cometer adulterio en tu mente? Si es así, confiesa ese pecado y arrepiéntete. ¿Qué ayuda específica necesitas para evitar este pecado en el futuro?

Tus reflexiones... aplicación a tu vida... tus motivos de oración...

EL OCTAVO MANDAMIENTO

Robar ha llegado a ser común en nuestra cultura. Estamos tan acostumbrados al robo que ni se nos ocurriría dejar abiertos nuestros autos o casas. La gente roba autos. Entran por la fuerza en las casas para robar. Si dejas la billetera o la cartera en algún lugar por accidente, nunca pienses que la vas a volver a ver. El robo está tan rampante en nuestra cultura, que nos asombra cuando vemos que alguien es honesto. Es una cualidad muy poco común hoy en día.

> **No** hurtarás.
> ÉXODO 20:15

Sin embargo la tentación de robar es constante. Cuando vendes esa casa o auto, es tentador inflar un poco el precio. Cuando recibes demasiado cambio, es tentador quedarse con el exceso.

Pero Dios dice que debemos vivir vidas honestas. «El que hurtaba, no hurte más, sino trabaje, haciendo con sus manos lo que es bueno, para que tenga qué compartir con el que padece necesidad» (Efesios 4:28). La idea en este versículo no es solo dejar de hacer lo que es malo (robar), sino comenzar a hacer lo que es correcto a través del trabajo honesto. El mensaje es bastante parecido en este versículo: «Ocúpense de sus propios asuntos y trabajen, como ya antes les hemos ordenado que lo hagan. De ese modo se ganarán el respeto de la gente que no confía en Dios» (1 Tesalonicenses 4:11-12, TLA). Y en este pasaje: «Porque oímos que algunos de entre vosotros andan desordenadamente, no trabajando en nada... A los tales mandamos y exhortamos por nuestro Señor Jesucristo, que trabajando sosegadamente, coman su propio pan» (2 Tesalonicenses 3:11-12).

Sepan que Dios honrará a las personas que honran los principios de las Escrituras. La Biblia nos dice que no robemos, y no está jugando. Si tú robas, es una falta de juicio. Y esto te alcanzará.

La invitación del Señor a su pueblo

No robes. No se engañen ni se estafen unos a otros.

Levítico 19:11, NTV

Con Dios en oración

Dale gracias por su sabiduría al requerir la integridad total en todo lo que tú eres y haces.

Muévete más allá del robo

¿Cómo puedes asegurarte que eres absolutamente honesto en tu trabajo y en la manera en que obtienes posesiones?

Tus reflexiones... aplicación a tu vida... tus motivos de oración...

DECIR LA VERDAD

Hace algunos años se publicó un libro titulado *The Day America Told the Truth* [El día que los Estados Unidos dijeron la verdad]. Según las conclusiones del autor, el noventiuno por ciento de estadounidenses miente de un modo regular. «La mayoría de nosotros encuentra difícil pasar una semana sin mentir», dice el autor. «Y uno de cada cinco no puede pasar ni un día sin mentir».

Aunque algunas personas mienten de forma consciente, muchos más tratan de acomodar la verdad con un poco de diplomacia por no querer ofender a alguien. Pero la Palabra de Dios dice bastante acerca de la mentira, y Proverbios 6 la incluye en una lista de cosas que Dios aborrece. Estas incluyen «la lengua mentirosa» (versículo 17) y «el testigo falso que habla mentiras» (versículo 19). De esto, junto con el noveno de los Diez Mandamientos («No hablarás contra tu prójimo falso testimonio» [Éxodo 20:16]), podemos concluir con toda seguridad que Dios odia la mentira.

> Los labios mentirosos son **abominación** a Jehová.
>
> PROVERBIOS 12:22

Dios es la fuente de toda verdad. Jesús dijo: «Yo soy el camino, y la verdad, y la vida» (Juan 14:6). Él es la encarnación de la verdad. Las Escrituras nos dicen que es imposible que Dios mienta (véase Hebreos 6:18).

En contraste dramático con esto, a Satanás se le describe como el «padre de la mentira» (Juan 8:44, NVI). Así que, cuando mentimos, nos estamos comportando más como hijos del diablo que como hijos de Dios.

La invitación del Señor a su pueblo

Por lo cual, desechando la mentira, hablad
verdad cada uno con su prójimo; porque
somos miembros los unos de los otros.

EFESIOS 4:25

Con Dios en oración

Alábale por su veracidad y por ser la fuente de toda verdad.
Reconoce su odio por las falsedades y las mentiras.

Muévete más allá de la falsedad

¿Eres culpable de mentir en alguna forma? Si es así, confiesa este
pecado y arrepiéntete de ello. ¿Qué pasos puedes dar para evitar
este pecado en el futuro?

Tus reflexiones... aplicación a tu vida... tus motivos de oración...

EL ENEMIGO DEL CONTENTAMIENTO

El décimo mandamiento, el cual prohíbe codiciar, se refiere a nuestras actitudes más profundas. Claro, la palabra *codiciar* significa estar inconforme con lo que tenemos y desear más, a pesar de lo que nos cueste a nosotros o a otra persona.

Una Navidad, cuando era niño, recibí todo lo que quería. Estaba muy feliz. Pensé, *¡Esta Navidad ha sido la mejor que he tenido!* Entonces fui a la casa de mi amigo y vi sus regalos. De repente me sentí miserable, porque a él le habían dado algo que yo más o menos quería, pero que se me había olvidado. Ahora los regalos que yo había recibido (por más maravillosos que fueran) dejaron de ser aceptables, porque mi amigo tenía algo que yo quería más.

Eso es codiciar.

> Pero gran ganancia es la piedad acompañada de **contentamiento**.
>
> 1 TIMOTEO 6:6

Como adultos, podemos hacer esto también. Estamos contentos con lo que tenemos hasta que nos fijamos en lo que alguien tiene. Entonces comenzamos a codiciarlo. Lo queremos; y es triste, pero algunos incluso irán y se apropiarán de lo que sea que estén codiciando. Quizá aun codiciemos el cónyuge de otra persona. La codicia puede arruinar nuestras vidas.

Codiciar, en esencia, es avaricia, y no es un «pecadito». Jesús nos advirtió con respecto a ella: «Mirad, y guardaos de toda avaricia; porque la vida del hombre no consiste en la abundancia de los bienes que posee». La Biblia dice que la avaricia es una forma de idolatría (véase Colosenses 3:5). Pablo incluso dice esto acerca de la avaricia: «Pero... avaricia, ni aun se nombre entre vosotros, como conviene a santos» (Efesios 5:3).

No debemos codiciar.

La invitación del Señor a su pueblo

Sean vuestras costumbres sin avaricia, contentos con lo que tenéis ahora; porque él dijo: No te desampararé, ni te dejaré.

HEBREOS 13:5

Con Dios en oración

Dale gracias por todo lo que Él te ha dado.

Muévete más allá de la codicia

Evalúa tu corazón con sinceridad: ¿Estás satisfecho con lo que tienes?

Tus reflexiones... aplicación a tu vida... tus motivos de oración...

LA MADRE QUE ORÓ

Cuando estamos orando por algo que creemos que es la voluntad de Dios, no debemos darnos por vencidos. Sigue pidiendo, buscando y llamando; esto es lo que Jesús nos dijo que hiciéramos (véase Mateo 7:7). De hecho, cuando Jesús vio la gran fe de una madre de Canaán que hacía esto mismo, le dio como si fuera un cheque en blanco: «Hágase contigo como quieres» (Mateo 15:28).

Esta madre creyó que su petición (que se sanara su hija) era la voluntad de Dios, y ella no se rendía.

> Entonces **respondiendo** Jesús, dijo: Oh mujer, grande es tu **fe**; **hágase** contigo como quieres. Y su hija fue sanada desde aquella hora.
>
> MATEO 15:28

Tal vez tú, como esta madre, tienes un hijo que está bajo la influencia del diablo. Este hijo ha rechazado tu influencia, por lo menos por ahora. Es duro, porque has criado a tu hijo en los caminos del Señor. Aquello para lo cual preparaste a tu hijo, llegar a ser independiente, ha sucedido. Mi consejo es: Resiste y sigue orando.

La situación en la vida de tu hijo que luce como el peor de los casos a lo mejor sea un paso para llevar a ese hijo a la fe verdadera y sincera. La rebelión podrá ser difícil de aguantar en este momento. Pero tal vez también sea de corto plazo, y quizá sea lo que se requiere para llevar a tu hijo al punto de entender cuánto necesita a Jesucristo.

Nuestros hijos necesitan tener convicciones piadosas en sus corazones como algo propio de ellos, y no solo las convicciones de Mamá o Papá. Podrá significar un desvío en el país del pródigo. Quizá represente llegar al punto más bajo. Pero no te des por vencido. Sigue orando. Nuestros hijos pueden escaparse de nuestra presencia, pero no pueden escaparse de nuestras oraciones.

La invitación del Señor a su pueblo

Invócame en el día de la angustia.

SALMO 50:15

Con Dios en oración

Presenta delante de Él a tu hijo (o a cualquier otro joven que conozcas) que no esté siguiendo al Señor. Pídele a Dios que obre en las circunstancias y el corazón de ese muchacho para llevarlo a la fe y a la sumisión humilde al Señor Jesucristo.

Muévete más allá de las oraciones inadecuadas por tus hijos

Elabora planes específicos para la oración diaria y concentrada por tu hijo o cualquier otro joven que tenga una gran necesidad de esto.

Tus reflexiones... aplicación a tu vida... tus motivos de oración...

LA DÁDIVA DE DIOS

Muchos años atrás, alguien me dio unas entradas gratis para Disneylandia. Yo caminaba por el parque y la estaba pasando de lo más bien, pero comencé a sentirme culpable por tener dos entradas adicionales.

Pensé que tal vez habría alguien afuera que querría entrar y que no le alcanzaba el dinero, así que decidí buscar a quién regalarle las entradas. Me fijé en unos muchachos parados frente al parque. Me les acerqué y les dije:

—Hola. Tengo dos entradas gratis para Disneylandia. ¿Las quieren?

—¿Qué estás haciendo, hombre?

—Les estoy ofreciendo estas dos entradas gratis.

—¿Cuánto nos van a costar?

—No les van a costar nada. Tengo dos entradas gratis adicionales. Solo quiero regalárselas.

—No.

> La paga del pecado es **muerte**, mas la dádiva de Dios es **vida** eterna en Cristo Jesús Señor nuestro.
>
> ROMANOS 6:23

Me acerqué a otra persona. «Hola. Tengo estas dos entradas gratis a Disneylandia. Quisiera regalárselas». Una y otra vez, recibí la misma respuesta. Me tomó cuarenta minutos regalar esas entradas.

Las personas son desconfiadas, y lo mismo pasa cuando se refiere a las cosas espirituales. Quizá digamos: «La manera de recibir perdón por sus pecados y obtener vida eterna es volverse de sus pecados, recibir a Jesucristo en su corazón como Señor y Salvador y comenzar a seguirle». La gente responde: «Eso es demasiado fácil. ¿Cuál es el truco? ¿Qué más hay que hacer?».

En nuestro orgullo, queremos pensar que tenemos algo que ver con nuestra salvación. Pero si venimos a Dios bajo sus condiciones y hacemos lo que Él dice, seremos perdonados de nuestros pecados y tendremos la seguridad de la vida eterna.

La invitación del Señor a su pueblo

Venid a las aguas; y los que no tienen dinero, venid, comprad y comed. Venid, comprad sin dinero y sin precio, vino y leche.

ISAÍAS 55:1

Con Dios en oración

Dale gracias a Dios por su dádiva de la salvación por medio de la muerte de Jesucristo.

Muévete más allá de la orgullosa falta de confianza en Dios

¿Con quién puedes hablar hoy acerca de la dádiva de Dios de la salvación? ¿Quién necesita oír el Evangelio?

Tus reflexiones... aplicación a tu vida... tus motivos de oración...

HABLAR

Las Escrituras nos hablan de Naamán, un general del ejército de Siria a quien el rey y el pueblo tenían en alta estima. Poseía todo lo que un hombre pudiera soñar tener, pero tenía un problema grande. Se llamaba lepra.

¿A quién usó Dios para alcanzar a este hombre? ¿Le envió al profeta Eliseo a tocarle a la puerta? ¿Envió un ángel para alcanzarlo? No. Más bien envió a una muchacha judía a la cual habían llevado cautiva a Siria. Le hubiera sido muy fácil a esta joven sentir amargura hacia Dios por permitir que esto pasara. Sin embargo, le habló a la esposa de Naamán acerca del profeta Eliseo, y esta a su vez le habló a Naamán. Él hizo el viaje para ver a Eliseo, que le dio una receta muy peculiar, y ese mismo dio se sanó Naamán.

> De Siria habían salido bandas armadas, y habían llevado cautiva de la tierra de Israel a una **muchacha**, la cual servía a la mujer de Naamán. Esta dijo a su señora: Si rogase mi **señor** al profeta que está en Samaria, él lo **sanaría** de su lepra.
>
> 2 Reyes 5:2-3

Gracias a Dios por esta joven que le habló a la esposa de Naamán, la cual después le habló a Naamán del profeta en Israel. Y gracias a Dios por cada creyente que habla en su hogar. Gracias a Dios por los creyentes que en sus escuelas y en sus centros laborales hablan de que hay un Dios que puede perdonar pecados.

Las personas hoy están buscando. Están en un estado de búsqueda, en especial cuando ven un futuro tan incierto en nuestro mundo, con todos los cambios rápidos que están ocurriendo alrededor del mismo. Las personas se preguntan qué es lo que está pasando. Ponen en duda el significado de la vida.

Y la Palabra de Dios tiene las respuestas.

La invitación del Señor a su pueblo

Anuncia siempre la buena noticia.

2 Timoteo 4:5, TLA

Con Dios en oración

Dale gracias por el Evangelio de Jesucristo, el cual suple todas tus necesidades más profundas.

Muévete más allá de la falta de utilidad para el Evangelio

¿A quién conoces que debería oír hoy el mensaje del perdón de Dios en Cristo Jesús? Planea reunirte para hablar con esta persona.

Tus reflexiones... aplicación a tu vida... tus motivos de oración...

EL CAMBIO VERDADERO

Durante una visita a la región noroeste de los EE.UU., conocí a un hombre que me dijo que había sido muy adicto al alcohol y las drogas. Explicó que su matrimonio había estado pendiente de un hilo. Un día tomó una pistola, la cargó y pensó matarse. Entonces encendió la televisión. Ahí en la pantalla estaba una Cruzada Harvest en la que yo estaba predicando un mensaje titulado: «Cómo estar bien con Dios».

«Dios comenzó a hablarme» me dijo. «Cuando usted dirigió a esa gente en la oración, yo oré y le pedí a Jesucristo que viniera a mi vida».

Después de encontrar a Cristo, se dio cuenta que necesitaba reconciliarse con su padre. Para verlo, cruzó el país en motocicleta, y ese es un viaje bien largo para ir en motocicleta.

Eso me suena como una conversión. Eso me suena como un hombre que ha conocido a Dios; hubo un cambio en su vida.

De modo que si **alguno** está en Cristo, nueva criatura es; las cosas viejas pasaron; **he aquí todas** son hechas nuevas.

2 CORINTIOS 5:17

A través de las Escrituras vemos que un verdadero encuentro con Dios significa un cambio. Para Naamán, sanado de su lepra, significaba querer mostrar su gratitud con un regalo. Para Zaqueo, significaba restaurar lo que le había robado a otros. Para Saulo, después de ver al Señor en una cegadora luz en el camino a Damasco, significaba responder: «Señor, ¿qué quieres que yo haga?» (véase Hechos 9:6). Para el carcelero de Filipos que se había convertido en creyente, significaba lavar las espaldas de quienes antes había azotado (véase Hechos 16:25-34).

Si en realidad has hallado una relación con Dios a través de Jesucristo, cambiarás. Esto no significa que tienes que cambiar tu vida antes de llegar a Cristo. Pero sí significa que después de llegar a Cristo, tú y tus prioridades cambiarán.

La invitación del Señor a su pueblo

Así ha dicho Jehová de los ejércitos, Dios de Israel:
Mejorad vuestros caminos y vuestras obras.

JEREMÍAS 7:3

Con Dios en oración

Pídele que te enseñe las maneras en las que tu vida debe cambiar.

Muévete más allá del dejar de cambiar

¿Qué debes hacer diferente hoy? ¿Cuáles pasos específicos quiere Dios que tú des hoy?

Tus reflexiones... aplicación a tu vida... tus motivos de oración...

LO BUENO DEL SENTIDO DE CULPA

Sir Arthur Conan Doyle, autor de las historias de Sherlock Holmes, quiso jugar una broma a sus amigos. Les envió una nota a doce de ellos que solo decía: «Huya ahora mismo. Todo se ha descubierto». Dentro de las veinticuatro horas, los doce se habían ido del país.

¡Eso es lo que se llama una conciencia culpable!

> Pues todos hemos pecado; nadie puede alcanzar la meta gloriosa establecida por Dios. Sin embargo, con una bondad que **no merecemos**, Dios nos declara justos por medio de Cristo Jesús, quien nos liberó del **castigo** de nuestros pecados.
> ROMANOS 3:23-24, NTV

Si tú me preguntas a mí, creo que nos hace falta un poco más del sentimiento de culpa en nuestra sociedad. ¿Qué cosa buena puede salir del sentimiento de culpa? El mismo bien que resulta del sistema de alarma de nuestros cuerpos llamado dolor. Si pisas un cristal roto, tu cuerpo te envía una señal de advertencia: «¡Detente! ¡No sigas caminando!». De igual manera, Dios ha instalado un sistema de alarma en nuestra alma llamado culpa, y lo experimentamos cuando hacemos algo incorrecto.

Así como el dolor nos dice que hay un problema físico que debemos tratar o el cuerpo sufrirá, la culpa nos dice que algo anda mal en lo espiritual que se debe confrontar y purificar.

Así que puedes ver que la culpabilidad no es por necesidad algo malo. La sensación de culpabilidad que experimentamos es el síntoma del problema verdadero, el pecado. Toda la consejería psicológica en el mundo no puede librar a una persona de su culpabilidad. Podemos actuar como si no estuviera ahí o encontrar a alguien a quien echarle la culpa de nuestros problemas. Pero la única forma real y eficaz para quitar nuestra culpa es llegar a la raíz del problema, el pecado.

La invitación del Señor a su pueblo

Tan sólo reconoce tu culpa, y que te
rebelaste contra el Señor tu Dios.

JEREMÍAS 3:13, NVI

Con Dios en oración

Agradece a Dios por darte una conciencia y por la manera en que usa la culpa para ayudarte a que desees apartarte del pecado.

Muévete más allá de tenerle miedo al sentido de culpa

Si te estás sintiendo culpable, ¿qué debes hacer hoy para volverte de aquel pecado acerca del cual el Señor te ha producido convicción?

Tus reflexiones... aplicación a tu vida... tus motivos de oración...

LA BÚSQUEDA DE DIOS

Con frecuencia oímos a las personas decir cosas como: «Estoy en una jornada espiritual», «Estoy tratando de encontrar la verdad», «Estoy tratando de encontrar la luz», o «Estoy buscándole a Él».

Pero la Biblia dice que ninguno de nosotros en realidad está buscándole: «No hay quien entienda, no hay quien busque a Dios» (Romanos 3:11). Uno se puede imaginar que, con todos los sistemas de creencia religiosos que hay en el mundo, eso no es posible. Pero:

> Jehová **miró** desde los cielos sobre los hijos de los hombres, para ver si había algún **entendido**, que **buscara** a Dios. Todos se desviaron, a una se han corrompido; no hay quien **haga** lo bueno, no hay ni siquiera uno.
>
> SALMO 14:2-3

Dios también declara de forma bien explícita en su Palabra: «Si me buscan de todo corazón, podrán encontrarme» (Jeremías 29:13, NTV). Déjame ser directo: Si de verdad estás buscando a Dios, encontrarás el camino a Jesús. Y si no encuentras el camino a Jesús, en realidad no buscabas a Dios. Tal vez te dediques a jugar juegos religiosos. Quizá tengas un interés superficial en varios sistemas de creencias. Pero el verdadero buscador hallará al Dios verdadero, y aquellos que alegan ser verdaderos buscadores, pero que rechazan a Jesucristo, no son honestos ni con Dios ni con ellos mismos.

La religión es la humanidad en busca de Dios; el cristianismo es Dios en busca de la humanidad.

He oído a personas decir: «Encontré al Señor hace diez años» como si Dios hubiera estado perdido. Pero Dios no estaba perdido; éramos nosotros los que lo estábamos. Dios intenta salvarnos, y si en realidad queremos conocerle, lo encontraremos.

Las personas se resisten a llegar a Jesucristo porque les molesta la idea de que los llamen pecadores. No están dispuestos a aceptar la evaluación que Dios les da. No están dispuestas a reconocer su culpa. Eso lo único que hace es molestarlas. En cambio, quieren creer que pueden llegar al cielo por medio de sus propios méritos, por su propia bondad, por sus propias obras, y por su propia búsqueda. Pero la Biblia dice que eso no funciona.

La invitación del Señor a su pueblo

Así dice Jehová...: Buscadme, y viviréis.

Amós 5:4

Con Dios en oración

Ora por las personas que conoces que se están resistiendo al Evangelio, que no quieren reconocer su pecado, o que tienen sus propias ideas sobre cómo obtener la vida eterna.

Muévete más allá de la religión vacía

¿Conoces a personas que creen que están en una jornada espiritual? Planea hablar con ellas del Evangelio, y pídele a Dios que prepare sus corazones para esto.

Tus reflexiones... aplicación a tu vida... tus motivos de oración...

TEMER A DIOS

Creo que hubo un tiempo en la historia en que se representó mal a Dios, como un ser divino que lanzaba relámpagos del cielo a las personas que le desagradaban. Todos hemos oído referencias derogatorias a predicadores de fuego y azufre.

Pero no creo que tal visión de Dios sea el problema hoy. Ya no se oye mucho acerca de predicadores con mensajes de fuego y azufre.

Lo que sí se oye son mensajes de cómo podemos lograr el éxito. Oímos mensajes sobre cómo Dios nos prosperará. Pero es cosa rara oír de un Dios santo que quiere que nos arrepintamos de nuestros pecados y caminemos con Él. Eso ya no es popular.

> No hay **temor** de Dios delante de sus ojos.
>
> ROMANOS 3:18

En cierto sentido, creo que muchas personas han «creado» un Dios nuevo, un ser benigno que ama a todo el mundo y que flota en algún lugar en el universo. Si esa es la visión tuya de Dios, estoy aquí para decirte que ese no es el Dios de la Biblia. Ese es un Dios que tú inventaste.

Sin duda, el verdadero Dios es un Dios de amor que te ama profundamente. Pero el Dios real también es santo. Por lo tanto, no solo debemos amar a Dios, también debemos temerle.

Lo que quiero decir con «temer a Dios» no es por necesidad tenerle miedo. Es tener un respeto por Dios, una reverencia por Él. Una de las mejores traducciones que he oído del término «temer a Dios» es esta: «Tener un sano pavor a desagradarle».

Creo que esto falta en la vida de muchas personas hoy y, lo más triste, en la vida de personas de la Iglesia. Aunque es cierto que el Dios ante el cual nos vamos a parar algún día es un Dios de amor, también es cierto que es un Dios santo. Así que necesitamos el temor de Dios.

La invitación del Señor a su pueblo

Teme a Jehová, y apártate del mal.

PROVERBIOS 3:7

Con Dios en oración

Alábale por su santidad. Reconoce cuán correcto es que le temas.

Muévete más allá de no temer a Dios

Evalúa tu corazón con respecto a este asunto: Si supieras con seguridad que recientemente desagradaste a Dios, ¿cuánto te molestaría esto? ¿Tienes un «sano pavor a desagradarle»? Si no lo tienes, ¿por qué?

Tus reflexiones... aplicación a tu vida... tus motivos de oración...

JUSTIFICADO

Justificación es una palabra usada con frecuencia en el vocabulario cristiano y que posee mucho significado. Es una palabra que declara la justicia de algo, no en forma simbólica ni potencial, sino en realidad. La Biblia dice que cuando yo llego a Cristo y le pido que me perdone mi pecado y reconozco que Él murió en mi lugar y pagó la pena que yo debía haber pagado, soy justificado.

Cuando llego a Cristo y le pido perdón, Él dice: «Estás justificado». Por medio de la fe en Él, yo puedo en consecuencia afirmar esta verdad: «He sido justificado»; o sea, «justo como si nunca hubiera pecado».

¡Esta es una verdad prodigiosa que hay que ponderar! A veces la culpa del pasado puede asediarte. El diablo puede susurrarte: «¿Recuerdas lo que hiciste? ¿Recuerdas aquel pecado que cometiste veintitrés años atrás?». Pero tú puedes decir: «He sido justificado. Ante los ojos de Dios, es justo como si nunca hubiera pasado».

Solo Dios hace que esto sea posible. Como dice la Biblia: «No ha hecho con nosotros conforme a nuestras iniquidades, ni nos ha pagado conforme a nuestros pecados. Porque como la altura de los cielos sobre la tierra, engrandeció su misericordia sobre los que le temen. Cuanto está lejos el oriente del occidente, hizo alejar de nosotros nuestras rebeliones» (Salmo 103:10-12). Ha alejado de nosotros nuestras rebeliones cuanto está lejos el oriente del occidente. ¡Qué distancia!

Ya habéis sido lavados, ya habéis sido **santificados**, ya habéis sido justificados en el nombre del Señor **Jesús.**

1 CORINTIOS 6:11

Corrie ten Boom decía que Dios había tomado nuestro pecado y lo había lanzado al mar del olvido, y después había puesto un letrero que decía: «Prohibida la pesca».

Sí, tú estás justificado. Es justo como si tu pecado nunca hubiera pasado.

La invitación del Señor a su pueblo

Hermanos, no sean niños en su modo de pensar. Sean niños en cuanto a la malicia, pero adultos en su modo de pensar.

1 CORINTIOS 14:20, NVI

Con Dios en oración

Expresa de lleno tu gratitud por el hecho de que por medio de la fe en Jesucristo estás justificado ante el Dios santo.

Muévete más allá de un entendimiento deficiente de la justificación

Si de veras quedas justificado delante de Dios, ¿qué diferencia debe marcar esto en tu vida cotidiana?

Tus reflexiones... aplicación a tu vida... tus motivos de oración...

UNA INVITACIÓN A DESCANSAR

Un día de diciembre yo iba rumbo a Nueva York y tenía un vuelo de conexión en Chicago. Hacía frío afuera, y al caminar por la terminal aeroportuaria, me fijé en un anuncio grande. Exhibía una playa tropical soleada con un hermoso mar azul, arena blanca y una silla de playa vacía. Esa fotografía era tan seductora y llamativa debido al lugar donde yo estaba en ese momento preciso.

Creo que esa fotografía representaba algo que todos queremos en realidad: reposo, relajación y tiempo libre. Jesús tiene algo que decir al respecto a la persona que está exhausta y desgastada. Tiene algo que decir a las personas a quienes la vida las ha masticado y escupido, personas que están frustradas, heridas. He aquí su oferta personal de descanso para quienes quieran responder:

Ustedes viven siempre angustiados; y preocupados. Vengan a mí, y yo los haré descansar. Obedezcan mis mandamientos y aprendan de mí, pues yo soy paciente y humilde de verdad. Conmigo podrán descansar. Lo que yo les impongo no es difícil de cumplir, ni es pesada la carga que les hago llevar. Mateo 11:28-30, TLA

Aquí de veras tenemos la vida cristiana en resumen. Aquí vemos lo que significa llegar a Jesús, conocer a Jesús y caminar con Jesús.

> Todo lo que el Padre me da, vendrá a mí; y al que a mí viene, **no le echo fuera**.
>
> JESÚS, EN JUAN 6:37

Esta invitación perdura hoy, pero no perdurará para siempre. Con esto quiero decir que no sabemos cuándo terminará nuestra vida en esta tierra. Además, está el asunto de endurecer el corazón a algo que uno ha oído una y otra vez. La Biblia dice: «Si oyereis hoy su voz, no endurezcáis vuestros corazones» (Hebreos 4:7). Esto es algo que no quisieras dejar para mañana.

Jesús dice: «Vengan a mí». Eso es todo. Es muy sencillo, pero bien profundo. Y vemos esta misma invitación repetida a través de las Escrituras. «El Espíritu y la Esposa dicen: Ven. Y el que oye, diga: Ven. Y el que tiene sed, venga; y el que quiera, tome del agua de la vida gratuitamente» (Apocalipsis 22:17).

La invitación del Señor a su pueblo

Jesús se puso en pie y alzó la voz, diciendo:
Si alguno tiene sed, venga a mí y beba.

JUAN 7:37

Con Dios en oración

Si te sientes cansado, frustrado o agobiado por tus cargas, habla con el Señor de esto, y déjale saber que aceptas de lleno su invitación para llegar hasta Él a descansar.

Muévete más allá del cansancio y la frustración

Si te sientes cansado, frustrado o cargado, ¿cuáles son las razones de eso? ¿Hay algún cambio que el Señor quiere que hagas en la manera en que manejas las presiones de la vida?

Tus reflexiones... aplicación a tu vida... tus motivos de oración...

LA INVITACIÓN DE DOS PARTES

En Mateo 11, después que Jesús promete hacer descansar a los que llegan a Él, de inmediato continúa con esta invitación: «Llevad mi yugo sobre vosotros, y aprended de mí» (Mateo 11:29). Nos está diciendo que hay más; su invitación a descansar es una oferta combinada. Si somos verdaderos seguidores de Jesucristo, aceptaremos no solo su descanso sino también su yugo sobre nosotros.

Pero, ¿qué significa eso?

El concepto de un yugo se hubiera entendido fácil entre la gente de los días de Jesús. Era un instrumento de dirección que se colocaba sobre los animales para guiar los arados o los carros que estos arrastraban. Así que Jesús, en esencia, dice: «Acepta que ponga mi instrumento de dirección sobre ti». Él dice: «Déjame tener el control de tu vida. Déjame guiar tu vida. Déjame dirigir tu vida».

> Mi yugo es **fácil**, y **ligera** mi carga.
>
> Jesús, en Mateo 11:30

Tal vez pienses: «Primero Jesús dice que me hará descansar, pero ahora me dice que tome su yugo. Eso me suena a trabajo». Quiero que sepas que solo será para ti una carga como las alas son para los pájaros. Será un gozo, porque ahora, en vez de malgastar tu vida en servirte a ti mismo o vivir para el placer, el éxito o cualquier otra cosa por la cual uno vive, estarás canalizando tus energías para seguir y servir a Jesucristo.

A lo mejor tendrás que dejar algunas cosas para seguir al Señor. Pero lo que tú dejes no podrá ni compararse con lo que Él te ha dado y te dará. No es solo algo magnífico para hacer con tu vida. Es la cosa más satisfactoria que hará con tu vida.

La invitación del Señor a su pueblo

Llevad mi yugo sobre vosotros, y aprended
de mí, que soy manso y humilde de corazón; y
hallaréis descanso para vuestras almas.

JESÚS, EN MATEO 11:29

Con Dios en oración

Dale gracias al Señor por el incomparable privilegio de tomar su yugo.

Muévete más allá de malgastar tu vida

¿Qué debes hacer ahora para canalizar más de tus energías en seguir y servir a Jesucristo?

Tus reflexiones... aplicación a tu vida... tus motivos de oración...

ARROPADO CON CRISTO

Me gustan las ropas cómodas. La mayoría del tiempo me encontrarás vestido con pantalones vaqueros, porque son cómodos. No me gustan las camisas almidonadas, y cuando mando mis camisas a la tintorería, especifico «sin almidón».

Por alguna razón, en una de las tintorerías que antes usábamos, «sin almidón» significaba «con más almidón». Me ponía una de estas camisas y apenas podía moverme porque quedaba muy tiesa. Esa no es la clase de ropa que quiero. Quiero ropa que se mueva cuando yo me mueva.

Esto capta el significado detrás de la frase de Romanos 13:14: «Vestíos del Señor Jesucristo». Significa entrar en las perspectivas e intereses de Él e imitarle en todas las cosas.

> Todos los que han sido **bautizados** en **Cristo** se han revestido de Cristo.
>
> GÁLATAS 3:27, NVI

«Vestirse del Señor Jesucristo» denota el mismo concepto que vestirse de ropa. Es la idea de dejar que Jesucristo sea parte de cada aspecto de tu vida. Déjale estar contigo en la mañana. Deja que Jesús sea parte de tu vida hoy, te acompañe a todas partes, y actúe a través tuyo en todo lo que hagas.

J. B. Phillips parafraseó el versículo de esta manera: «Seamos hombres de Cristo de los pie a la cabeza». Me gusta eso. Demasiadas veces vamos en rumbo de colisión con Dios, le peleamos y le resistimos. Con demasiada frecuencia, en vez de ir donde Dios quiere que vayamos y hacer lo que Él quiere que hagamos, halamos contra Él a cada vuelta. Cuando ese es el caso, perdemos. Perdemos mucho.

La invitación del Señor a su pueblo

Revístanse ustedes del Señor Jesucristo, y no se preocupen
por satisfacer los deseos de la naturaleza pecaminosa.

ROMANOS 13:14, NVI

Con Dios en oración

Habla con Dios de tus deseos de permitir que Jesucristo sea parte
de cada aspecto de tu vida.

Muévete más allá de halar contra Cristo

¿Habrá alguna esfera de tu vida en la que halas contra el Señor en
vez de ir con Él? Identifícala y realiza los cambios que Él quiere que
hagas.

Tus reflexiones... aplicación a tu vida... tus motivos de oración...

RECUERDA DECIR «GRACIAS»

En el Antiguo Testamento hallamos un historia interesante de como el rey Josafat usó una estrategia inusitada cuando sus enemigos hicieron guerra contra él. En vez de enviar delante a su ejército, mandó al coro y los músicos.

Imagínese la escena: «Bueno muchachos, este es el plan de hoy. Un ejército está ahí, armado hasta los dientes. Así que vamos a enviar al coro y los músicos».

Si yo hubiera sido un miembro del coro o un músico, me hubiera preguntado si al rey le gustaba nuestra música. Pero Dios había dirigido a Josafat en esta única estrategia de batalla. Leemos que Josafat nombró a personas para cantarle al Señor, alabar la hermosura de la santidad e ir al frente del ejército mientras decían: «Glorificad a Jehová, porque su misericordia es para siempre» (2 Crónicas 20:21).

> Alaben la **misericordia** de Jehová, y sus maravillas para con los hijos de los hombres.
>
> SALMO 107:8

Así que eso fue lo que hicieron. La Biblia nos dice que cuando comenzaron a cantar y alabar, Dios envió una emboscada contra el enemigo, y fueron destruidos. El pueblo de Dios pudo hacerle frente a aquella situación con acción de gracias, porque Él tenía el control.

Al acercarnos a Dios para pedir nuevas bendiciones, nunca debemos olvidar darle gracias por las bendiciones que ya nos ha dado. ¿Te has acercado a Dios recientemente a pedirle ayuda y Él ha cumplido tu petición? ¿Volviste a darle gracias? Si nos detuviéramos a pensar en cuántas de las oraciones que hemos hecho a Dios Él ha contestado y las pocas veces que hemos regresado a darle las gracias, tal vez nos asombre... y abochorne. Debemos ser tan deliberados en darle gracias a Dios como lo somos en pedirle su ayuda.

La invitación del Señor a su pueblo

Entrad por sus puertas con acción de gracias, por sus atrios con alabanza; alabadle, bendecid su nombre.

SALMO 100:4

Con Dios en oración

Honra a Dios hoy y separa un tiempo para expresarle gratitud por sus bendiciones y sus respuestas a tus oraciones. Sé específico en nombrarlas y dar gracias por ellas.

Muévete más allá de la ingratitud

¿Cómo puedes ser más deliberado e intencionado para darle gracias a Dios cada día?

Tus reflexiones... aplicación a tu vida... tus motivos de oración...

CUANDO VIENEN
LAS TORMENTAS

A la conclusión de Mateo 7, Jesús contó la historia de dos hombres que edificaron dos tipos de casas. Una casa se construyó sobre una base buena de piedra, mientras que la otra se edificó sobre una fundación defectuosa de arena.

Entonces Jesús describió una tormenta que llegó y golpeó contra ambas casas. La casa edificada sobre la arena se derrumbó, pero la casa edificada sobre la roca se mantuvo firme. Jesús concluyó que el hombre que edificó sobre la roca representaba a alguien que oía la Palabra de Dios y la obedecía. Dijo que el hombre que había edificado su casa sobre la arena era alguien que oía la Palabra de Dios pero no la obedecía.

En esta historia, nota que la tormenta golpeó las dos casas. Cada vida y cada persona experimentarán dificultades. Así que la pregunta es: ¿Cómo reaccionarás cuando te azoten las tormentas de la vida? ¿Te destruirán o te fortalecerán? ¿Te dejarán mejorado... o amargado?

> Es verdad que ninguna **disciplina** al presente parece ser causa de gozo, sino de tristeza; pero después da fruto apacible de **justicia** a los que en ella han sido ejercitados.
>
> HEBREOS 12:11

He aquí las buenas noticias para los cristianos: sabemos que todo lo que pasa en nuestras vidas primero tiene que atravesar el filtro protector del amor de Dios. En otras palabras, Dios no permitirá que nada pase en la vida del creyente sin que Él lo sepa. Dios no tiene una palabra para expresar sorpresa en su vocabulario. Él tiene el pleno control de todas las circunstancias que rodean la vida de su pueblo.

Así que cuando llegue la dificultad, sabemos que Dios lo ha permitido con un propósito. Él tiene algún plan en mente.

La invitación del Señor a su pueblo

No temas en nada lo que vas a padecer.

APOCALIPSIS 2:10

Con Dios en oración

Dale gracias por tener el control total de todas las circunstancias de tu vida.

Muévete más allá de la falta de fe en el control de Dios

¿Cómo reaccionas cuando te azotan las tormentas de la vida? ¿Las dificultades te hacen dudar de la sabiduría de Dios y su amor por ti? De ser así, ¿por qué? ¿Qué no estás recordando?

Tus reflexiones... aplicación a tu vida... tus motivos de oración...

LA RESPUESTA DE DIOS A LA PREOCUPACIÓN

En el Sermón del Monte, Jesús tuvo cosas específicas que decir sobre la preocupación y la ansiedad:

> Por eso les digo que no se preocupen por la vida diaria, si tendrán suficiente alimento y bebida, o suficiente ropa para vestirse. ¿Acaso no es la vida más que la comida y el cuerpo más que la ropa? Miren los pájaros. No plantan ni cosechan ni guardan comida en graneros, porque el Padre celestial los alimenta. ¿Y no son ustedes para él mucho más valiosos que ellos? ¿Acaso con todas sus preocupaciones pueden añadir un solo momento a su vida?
>
> MATEO 6:25-27, NTV

¿Por qué no nos debemos preocupar? En primer lugar, porque Jesús nos dice que nuestro Padre celestial cuida de nosotros. Jesús pone de ejemplo a las aves. Nunca has visto a un ave sudar ¿verdad? Las aves son bastante tranquilas. Por supuesto, las aves tienen que ir a recoger su comida. Ponen de su parte para obtener lo que necesitan. Pero no se preocupan por ello. El asunto que Jesús trata de decir es que si Dios cuida de las aves, ¿no cuidará de ti también? La respuesta obvia es sí, lo hará.

Segundo, Jesús nos recuerda que la preocupación no produce nada productivo en tu vida. Es una emoción destructiva. No alarga tu vida, e incluso puede acortarla.

Marta, Marta, afanada y **turbada** estás con muchas cosas.

JESÚS, EN LUCAS 10:41

La próxima vez que te sientas tentado a preocuparte por algo, canaliza toda la energía que hubieras dedicado a la preocupación hacia la oración. Dile: *Señor, aquí está mi problema. Lo pongo en tus manos. Voy a confiar en ti.* Eso no es algo fácil de hacer. Pero es algo que debemos hacer de forma consciente.

La invitación del Señor a su pueblo

Por nada estéis afanosos, sino sean conocidas
vuestras peticiones delante de Dios en toda
oración y ruego, con acción de gracias.

FILIPENSES 4:6

Con Dios en oración

Dale gracias por lo mucho que Él te ama y cuida de ti. Reconoce delante de Él la destructividad de la preocupación.

Muévete más allá de la preocupación

¿Hay algo que te está produciendo ansiedad en este momento? Si es así, ¿qué es? Lleva este asunto al Señor, déjalo en sus manos, y reconoce tu confianza en Él para ocuparse de ello.

Tus reflexiones... aplicación a tu vida... tus motivos de oración...

EL TIEMPO DIRÁ

Después de que Dios llamó a Gedeón a liberar a su pueblo de sus opresores madianitas, Gedeón con rapidez levantó un ejército bastante grande con más de treinta y dos mil hombres, lo que era bueno, porque se enfrentaba a un adversario mucho más grande. En el campo del enemigo, los madianitas y sus aliados eran «como langostas en multitud y sus camellos eran innumerables, como la arena que está a la ribera del mar en multitud» (Jueces 7:12).

Pero Dios se apareció a Gedeón y le dijo que su ejército era demasiado grande. Le dijo a Gedeón que despidiera a cualquiera de los soldados que fuera tímido o miedoso. Gedeón obedeció al Señor, y veintidós mil hombres respondieron: «Nos largamos». Luego Dios redujo las tropas aun más, y dejó solo trescientos hombres. Le dijo a Gedeón: «Con estos trescientos hombres que lamieron el agua os salvaré, y entregaré a los madianitas en tus manos; y váyase toda la demás gente cada uno a su lugar» (Jueces 7:7).

¿Por qué hizo Dios eso? Estaba buscando a alguien que defendiera su honor, a alguien que se sacrificara.

De igual manera, el tiempo dirá si eres un verdadero seguidor de Jesucristo. Se determinará en el campo de batalla, no en un culto en la iglesia donde estén todos juntos alabando al Señor. El tiempo dirá si en realidad has avanzado en lo espiritual. La verdadera prueba será cuando vengan las primeras dificultades, cuando lleguen las primeras tentaciones, y cuando comience la primera persecución.

> Seréis aborrecidos de todos por **causa** de mi nombre; mas el que **persevere** hasta el fin, éste será salvo.
>
> JESÚS, EN MATEO 10:22

Recuerdo cómo las cosas cambiaron cuando me convertí en seguidor de Jesucristo. Amigos a los que yo había conocido por muchos años comenzaron a molestarme y burlarse de mí. Reconocí en seguida que si seguía a Cristo, perdería algunos supuestos amigos, y esto no siempre sería fácil.

Si estás dispuesto a perseverar, tendrás la mayor aventura imaginable al servir al Señor. Dios está buscando hombres y mujeres que se enlisten en su ejército como sus fuerzas especiales divinas.

La invitación del Señor a su pueblo

Tú, pues, sufre penalidades como buen soldado de Jesucristo.

2 Timoteo 2:3

Con Dios en oración

Pídele que haga lo que sea necesario para fortalecer tu resistencia espiritual.

Muévete más allá de la falta de resistencia

Cuando te has enfrentado a dificultades, tentaciones o la persecución, ¿cómo has respondido?

Tus reflexiones... aplicación a tu vida... tus motivos de oración...

EN EL PODER DE DIOS

Así como los policías piden refuerzos cuando perciben que hay un peligro inminente, lo primero que tenemos que entender acerca de la batalla espiritual es que con nuestras propias fuerzas somos inferiores al diablo.

Creo que un respeto saludable por el Adversario está en orden para los creyentes de hoy. No queremos subestimar a Satanás, ni queremos sobrestimarlo; queremos evaluar con precisión quién es y cuáles son sus habilidades. Necesitamos reconocer que él es poderoso; no queremos tratar de derrotarlo con nuestras propias fuerzas.

Oigo a algunos predicadores de la televisión o la radio que llaman al diablo con nombres ridículos, se ríen de él o hacen chistes acerca de él. Pero la Biblia dice que aun el arcángel Miguel no se atrevió a condenar al diablo con burlas: «Cuando el arcángel Miguel contendía con el diablo,... no se atrevió a proferir juicio de maldición contra él, sino que dijo: El Señor te reprenda» (Judas 9). Miguel dejó que Dios reprendiera. Miguel tenía un respeto saludable por el poder del enemigo.

> **Atrevidos** y contumaces, no **temen** decir
> mal de las potestades superiores.
>
> 2 PEDRO 2:10

Debemos fortalecernos «en el Señor, y en el poder de su fuerza» (Efesios 6:10). Es nuestra base de poder. Satanás quiere separarnos de Dios, porque en el momento en que logre hacerlo, quedaremos como una presa fácil. Por lo tanto, el diablo quiere meter una cuña entre nosotros y Dios.

El único poder que puede expulsar a Satanás en efecto es el poder de Jesucristo. Fortalécete en el Señor. Mantente cerca de Él. No permitas que nada se interponga entre tú y Dios.

La invitación del Señor a su pueblo

Fortaleceos en el Señor, y en el poder de su fuerza.

EFESIOS 6:10

Con Dios en oración

Alábale por su inmenso poder y su victoria eterna sobre Satanás.

Muévete más allá de la confianza excesiva en la guerra espiritual

¿Estás convencido de tu necesidad de ayuda del Señor en resistir al diablo y su poder? ¿De qué maneras has fallado en depender de la ayuda del Señor en esta área?

Tus reflexiones... aplicación a tu vida... tus motivos de oración...

SEGURO CON EL HIJO

Quiero referirme a una doctrina popular que ha estado flotando por ahí en la Iglesia por varios años. Algunos de hecho han convertido en teología lo que yo creo que es una suposición falsa.

Hay personas hoy que te dirán que la razón por la que te enfrentas a ciertos problemas o luchas con ciertos vicios y pecados es debido a una maldición generacional que está sobre ti y tu familia. Quizá tu padre o tu abuela o bisabuela estuvo involucrado con el ocultismo, de tal modo que una maldición generacional se ha pasado de ellos a ti, razón por la cual tú eres como eres. Por lo tanto, según esta doctrina, necesitas ir en contra de esa maldición generacional primero identificándola, luego reprendiéndola y descubriendo los demonios particulares que son parte de esta maldición.

Es muy interesante. Pero no es bíblico. La Biblia no me dice que haga estas cosas. No hay una «maldición generacional» sobre mí, porque esa maldición quedó rota el día que entregué mi vida a Jesucristo. No estoy bajo ninguna maldición.

> Sabemos que todo aquel que **ha nacido** de Dios, no practica el pecado, pues Aquel que fue engendrado por Dios le **guarda,** y el maligno no le toca.
>
> 1 JUAN 5:18

Satanás, sin embargo, está bajo la maldición. Así que yo debo estar firme en el poder de Dios y reconocer, como dice en 1 Juan 5:18, que el Hijo de Dios me sostiene seguro, y que el maligno no puede poner sus manos sobre mí. Él no me puede atacar. Aquí no hay maldiciones generacionales. Aquí no hay ninguna posesión demoníaca de un cristiano.

Estoy bajo la protección de Dios Todopoderoso. «Así que, si el Hijo os libertare, seréis verdaderamente libres» (Juan 8:36).

La invitación del Señor a su pueblo

Estad, pues, firmes en la libertad con
que Cristo nos hizo libres.

Con Dios en oración

Dale gracias por que tú no eres la víctima de una maldición
generacional. Agradécele porque Jesucristo te ha librado de la
esclavitud de Satanás y del pecado. Dale gracias también porque
Satanás, su enemigo, está bajo una maldición eterna.

Muévete más allá de malentender la maldición del mal

Piensa sobre el hecho de que en Jesucristo eres «verdaderamente
libre» (Juan 8:36). ¿Cómo afecta esta libertad la manera en que
vives hoy?

Tus reflexiones... aplicación a tu vida... tus motivos de oración...

TÁCTICAS DEL ENEMIGO

El diablo tiende a usar las mismas tácticas una y otra vez. Supongo que él opera según el viejo adagio en inglés: «Si no está roto, no lo arregle». Él ha usado estas técnicas, planes y estrategias desde el huerto del Edén, y le han servido con gran eficacia para derribar a un sinnúmero de personas. Por consiguiente él sigue usándolos de generación en generación.

Esas son las malas noticias. Las buenas noticias son que sabemos cuáles son sus tácticas, porque la Biblia las identifica claramente. El diablo es un lobo peligroso que a veces se disfraza de oveja. Otras veces ruge como un león, acercándose a nosotros en toda su depravación y horror. Pero con más frecuencia viene como una serpiente. Por eso es que siempre tenemos que estar en guardia.

> Para que Satanás no gane **ventaja alguna** sobre nosotros; pues no ignoramos sus maquinaciones.
>
> 2 Corintios 2:11

Él te tentará y susurrará: «Confía en lo que te digo. Dale y peca. No te van a castigar por esto. Nadie lo sabrá». Así que aceptas la carnada y caes en pecado. Entonces el diablo te grita: «¡Qué hipócrita! ¿Piensas que Dios te va a oír tus oraciones? ¡Y ni se te ocurra ir a la iglesia!». Lamentablemente, algunas personas le prestarán atención, lo creerán y se ahuyentarán.

Solo recuerda, no importa lo que hayas hecho, no importa el pecado que hayas cometido, Dios siempre estará dispuesto a perdonarte si tú te vuelves de ese pecado y regresas a Él. No permitas que el diablo te separe de la Palabra y el pueblo de Dios, porque eso es lo que él quiere hacer.

La invitación del Señor a su pueblo

Velad, estad firmes en la fe; portaos
varonilmente, y esforzaos.

1 Corintios 16:13

Con Dios en oración

Pídele a Dios que te muestre cómo necesitas estar en guardia contra
las artimañas del diablo.

Muévete más allá de ignorar las tácticas del diablo

¿Qué debes hacer hoy para mantenerte conectado con la Palabra y
el pueblo de Dios?

Tus reflexiones... aplicación a tu vida... tus motivos de oración...

A LA OFENSIVA

¿Sabías que la espada del Espíritu que se menciona en Efesios 6 no es solo para desviar un golpe del enemigo sino también para asestar golpes? Así que usamos la espada del Espíritu no solo para defendernos de las tentaciones y condenaciones del enemigo sino también para atacar.

En Hechos 8, encontramos un modelo de esto en la vida de Felipe, que predicó el Evangelio a un viajero de Etiopía que estaba buscando a Dios. Felipe había estado predicando el Evangelio en Samaria, y las personas habían llegado a la fe. Pero entonces Dios le dijo: «Ve hacia el sur». Felipe obedeció como un buen soldado listo para la batalla. Cuando se encontró con el viajero etíope, usó la espada del Espíritu, la Palabra de Dios, para proclamar el Evangelio de Jesús a este hombre, porque conocía la Palabra de Dios y pudo usarla cuando llegó el momento oportuno.

No nos equivoquemos: hay autoridad y poder en la Palabra de Dios. Nuestras palabras caerán al suelo, pero la Palabra de Dios se adhiere. La Palabra de Dios penetra.

> Somos humanos, pero no luchamos como lo hacen los humanos. Usamos las armas poderosas **de Dios**, no las del mundo, para derribar las fortalezas del razonamiento humano y para destruir **argumentos** falsos.
>
> 2 CORINTIOS 10:3-4, NTV

Pudiéramos pasar el día entero en el intento de defender y explicar la Biblia con nuestras propias palabras, pero tengo una mejor idea: usa la espada del Espíritu. Eso es lo que hizo Felipe, y es lo que debemos hacer también.

Esto es algo que el diablo no quiere que tú sepas. No quiere que comiences a atacar, porque si te quedas en una posición defensiva, él tendrá más libertad para llevar a cabo sus planes, y tendrá el control de dónde la batalla va a tener lugar. Pero si atacas, él tiene que preocuparse por la defensa.

La invitación del Señor a su pueblo

Que prediques la palabra; que instes a tiempo
y fuera de tiempo; redarguye, reprende,
exhorta con toda paciencia y doctrina.

2 TIMOTEO 4:2

Con Dios en oración

Agradece a Dios por el poder de su Palabra.

Muévete más allá de no atacar

¿Cómo puedes usar la Palabra de Dios, la espada del Espíritu, como un arma ofensiva hoy?

Tus reflexiones... aplicación a tu vida... tus motivos de oración...

UN CAMBIO DE DIRECCIÓN

Una mañana a finales de los años 1800, Alfred Nobel, el inventor de la dinamita, estaba leyendo el periódico. Se sorprendió al encontrar su nombre incluido en el obituario. Fue un error, pero aún así, ahí estaba.

En el obituario lo recordaban en sentido negativo como alguien que había acumulado una fortuna a través de los explosivos, que en ese tiempo se usaban sobre todo para la guerra. Nobel se sintió angustiado al verse descrito por el obituario como «el comerciante de la muerte».

Como resultado de leer este obituario equivocado, Nobel decidió cambiar el curso de su vida. Se comprometió con la causa de la paz mundial. En su testamento, dejo la mayor parte de su inmensa fortuna para establecer un premio anual para los «campeones de la paz» así como también en los campos de la química, la física, la medicina y la literatura.

Cuando el nombre de Alfred Nobel se menciona hoy, la dinamita con poca frecuencia es lo primero que viene a la mente. Más bien pensamos en los premios que llevan su nombre. Es todo porque Alfred Nobel decidió cambiar el curso que su vida estaba siguiendo.

Otro hombre, que vivió siglos antes, también cambió el rumbo negativo que seguía su vida. Su nombre era Pablo, en otros tiempos conocido como Saulo de Tarso. Como era un implacable perseguidor de la Iglesia primitiva, estaba determinado a detener el crecimiento del cristianismo. Pero después de una conversión dramática en el camino a Damasco, Pablo dedicó el resto de su vida a predicar el Evangelio y a edificar la Iglesia. Hoy lo recordamos como un misionero, un iniciador de iglesias y autor de la mayoría de las epístolas del Nuevo Testamento.

Porque es necesario que todos nosotros comparezcamos ante el **tribunal** de Cristo, para que cada uno reciba según lo que haya **hecho** mientras estaba en el cuerpo, sea bueno o sea malo.

2 CORINTIOS 5:10

Si leyeras hoy tu propio obituario, ¿qué piensas que sería lo principal por lo que te recordarían? No es demasiado tarde para cambiar de dirección.

La invitación del Señor a su pueblo

Esperad por completo en la gracia que se os traerá cuando Jesucristo sea manifestado.

1 PEDRO 1:13

Con Dios en oración

Dale gracias a Dios por su gracia que puede darte poder para llevar una vida que es plenamente agradable a Él.

Muévete más allá de una vida vacía

Si murieras hoy, ¿por qué te recordaría la gente? ¿Qué aparecería en tu obituario como parte de tus logros? Si no es como tú quieres que sea, ¿qué cambios en el rumbo de tu vida debes hacer hoy?

Tus reflexiones... aplicación a tu vida... tus motivos de oración...

LA OBEDIENCIA SENCILLA

Antes de su conversión, Saulo era un fariseo destacado y tal vez incluso un miembro del sanedrín judío. Presidió sobre la muerte de Esteban, el primer mártir de la Iglesia cristiana. Después del encuentro que tuvo Pablo con Jesús en el camino a Damasco, los cristianos de esos días dudaban de su conversión.

Así que cuando Dios dirigió a un creyente de Damasco llamado Ananías a buscar a Saulo y orar por él, es de comprender que Ananías estuviera renuente. Pero Ananías hizo lo que Dios le dijo que hiciera. Encontró a Saulo en el lugar donde Dios dijo que lo hallaría. Oró para que Dios restaurara su visión (una luz lo había dejado ciego cuando Jesús le había hablado en el camino a Damasco), y el Señor sanó los ojos de Saulo.

> Ve, porque instrumento **escogido** me es éste, para llevar mi nombre en presencia de los **gentiles**, y de reyes, y de los hijos de **Israel**.
>
> HECHOS 9:15

Es interesante que cuando Dios quiso usar a alguien para ministrarle a Saulo, no envió a un apóstol como Pedro o Juan. Llamó a un hombre ordinario. Ananías no llegó a escribir ningún libro del Nuevo Testamento, resucitar a un muerto ni predicar un sermón notable que sepamos. Pero por fe, sí le llegó a ministrar a un hombre que haría todo lo mencionado arriba y mucho más. Ananías discipuló al recién convertido Saulo quien, con el tiempo, llegó a ser el legendario apóstol Pablo y quizá el predicador más grande en la historia de la Iglesia.

Damos gracias a Dios por los Ananías del reino, aquellos que trabajan con fidelidad detrás del escenario para marcar una diferencia en nuestras vidas. Al hombre quizá les sean desconocidos, pero Dios los ama.

———————————————————————————

La invitación del Señor a su pueblo

Cumple con los deberes de tu ministerio.

2 Timoteo 4:5, NVI

———————————————————————————

Con Dios en oración

Dale gracias por los creyentes que a través de la historia han sido fieles en su servicio al Señor.

Muévete más allá de no obedecer con fidelidad

¿Cuál es el ministerio específico al que Dios te ha llamado? ¿Estás siendo fiel a él?

Tus reflexiones... aplicación a tu vida... tus motivos de oración...

CARACTERIZADO POR LA ORACIÓN

Dios le dijo a Ananías que buscara a Saulo, y que encontraría a Saulo en oración. Como era de esperar, Ananías encontró que Saulo hacía eso mismo. Mientras tanto, creo que Pablo le pedía a Dios que le perdonara todas las cosas malas que había cometido. ¿Te imaginas cuán difícil hubiera sido aceptar el perdón de Dios si tú no solo hubieras sido un asesino, sino que también hubieras perseguido a los seguidores de Jesucristo y causado sus muertes prematuras? ¡Cuán difícil te sería tener eso en tu conciencia!

Pero Saulo oró y en el proceso descubrió que podía tener una relación íntima con este Dios que antes solo había conocido desde lejos.

No se puede evitar notar, al leer las epístolas de Pablo, cómo la oración caracterizaba su vida. Muchas de sus cartas comienzan o terminan con hermosas oraciones. Fue Pablo quien nos dijo «Orad sin cesar» (1 Tesalonicenses 5:17).

> Y el Señor le dijo: Levántate, y ve a la calle que se llama Derecha, y busca en **casa** de Judas a uno llamado Saulo, de Tarso; porque he aquí, él **ora**.
>
> HECHOS 9:11

Pablo además practicaba lo que predicaba. Cuando a él y a Silas los echaron en la cárcel por predicar el Evangelio, oraron y cantaron alabanzas a Dios a medianoche y los demás prisioneros los oyeron. Ahora, ¿quién quisiera orar en un momento como ese? Pero en vez de maldecir a quienes los habían puesto ahí, ellos bendecían a Dios. Con razón los demás prisioneros les escuchaban.

Esta fue la transformación que tuvo lugar en la vida de Pablo. Él era un hombre de oración.

¿Eres un hombre o mujer de oración? ¿La oración caracteriza tu vida? Así debe ser. Si quieres vivir esta vida cristiana con eficacia debes aprender a orar.

La invitación del Señor a su pueblo

Perseverad en la oración, velando en
ella con acción de gracias.

COLOSENSES 4:2

Con Dios en oración

Agradece a Dios por el privilegio de entrar en su presencia a presentar tus necesidades. Dale gracias por escucharte cuando pides su ayuda.

Muévete más allá de no orar

¿Cuál es tu propia definición de un hombre o mujer de oración? Para ser esa clase de persona, ¿cómo debe ser tu tiempo diario de oración?

Tus reflexiones... aplicación a tu vida... tus motivos de oración...

UNA PALABRA A
LOS PADRES

Hace unos años, alguien le preguntó al primer presidente George Bush: «¿Cuál es su mayor logro en la vida?». Creo que esa fue una pregunta interesante para hacerle a alguien como él, que tiene una lista muy larga de logros.

Él podía haber señalado un número de resultados políticos suyos o de sus hijos. Después de todo, él había sido embajador de los EE. UU. en China, director de la CIA, luego vicepresidente por dos mandatos bajo el presidente Reagan antes de llegar a ser presidente él mismo. Dos de sus hijos llegaron a ser gobernadores de estado y, por supuesto, uno de ellos también llegó a ser presidente.

Sin embargo, esto es lo que George Bush nombró como su mayor logro: «Mis hijos todavía vienen a casa a verme».

He aquí a un hombre que tiene sus prioridades en orden.

> El hará **volver** el corazón de los padres hacia los hijos, y el **corazón** de los hijos hacia los padres, no sea que yo venga y hiera la tierra con maldición.
>
> MALAQUÍAS 4:6

Como pastor, he visitado a personas que están llegando al final de sus vidas. He visto lo que en realidad les importa; siempre regresan a la fe y a la familia. Cuando tu vida se acabe, no van a importar cuántos negocios comerciales realizaste, cuántas inversiones tuviste, ni cuántas cosas lograste acumular. Cuando todo está dicho y hecho, todo se reduce a los valores básicos de la fe y la familia.

Es trágico ver el gran número de hombres que hoy abandonan sus familias, y racionalizan que es debido a una crisis de los cuarenta, con el fin de buscar algo que ellos imaginan que les harán sentir más jóvenes.

Hombres, tenemos que defender los compromisos que le hemos hecho a nuestras esposas e hijos. No podemos ni por un momento considerar darles la espalda.

La invitación del Señor a su pueblo

Y vosotros, padres, no provoquéis a ira a vuestros hijos,
sino criadlos en disciplina y amonestación del Señor.

EFESIOS 6:4

Con Dios en oración

Si eres esposo y padre, separa hoy un tiempo para orar en detalle por tu esposa y tus hijos.

Muévete más allá de fallar en la conducción de tu familia

¿Si eres esposo y padre, qué incitación o dirección específica necesita tu familia de parte tuya ahora y en el futuro inmediato? ¿Qué debes hacer ahora para garantizar su futura salud y bienestar, tanto en lo espiritual como en lo físico?

Tus reflexiones... aplicación a tu vida... tus motivos de oración...

FORMADO POR EL SUFRIMIENTO

En una visita reciente a Carolina del Norte, conduje por un pueblo llamado Mocksville (Pueblo Burlón). Yo tenía que haber nacido ahí. Antes de convertirme en cristiano, siempre me gustaba burlarme de la gente. Así que cuando me hice seguidor de Jesús, me fue chocante el comenzar a ser del que se burlaban. La gente se reía de mí debido a mi fe en Cristo.

Eso fue lo que le pasó a Pablo, pero de una manera mucho más intensa. Justo después de su conversión, comenzó a predicar el Evangelio en Damasco. Fue tan poderoso y convincente que los líderes religiosos lo quisieron muerto.

Se descubrió su complot y los amigos cristianos de Pablo idearon un plan para ayudarle a escapar. Lo pusieron en una canasta y lo bajaron por el muro de noche. ¡Consideren la ironía! Poco tiempo antes, él había sido Saulo de Tarso, el notorio perseguidor de cristianos. El cazador se había convertido en la presa. Estaba teniendo que saborear su propia medicina.

> Por lo cual, por amor a Cristo me gozo en las debilidades, en afrentas, en **necesidades**, en persecuciones, en angustias; porque cuando soy **débil**, entonces soy fuerte.
>
> 2 CORINTIOS 12:10

Su cambio de nombre de Saulo a Pablo ofrece una mayor comprensión de la verdadera transformación que tuvo lugar. El primer rey de Israel se llamaba Saulo. En contraste, el nombre Pablo significa «pequeño». Sería como si cambiaras tu nombre a propósito de responsable a mequetrefe. Es obvio que Dios había transformado a Pablo en un hombre humilde.

A veces queremos que Dios quite de nuestras vidas ciertas cosas que nos causan dolor. Oramos una y otra vez para que se remuevan esas cosas. Sin embargo ¿nos detenemos a pensar en cómo Dios está usando esas cosas en nuestras vidas para transformarnos y hacernos más como Él?

La invitación del Señor a su pueblo

Pero tú sé sobrio en todo, soporta las aflicciones.

2 Timoteo 4:5

Con Dios en oración

Dale gracias por el sufrimiento que Él permite en tu vida, para tu bien. Y agradece con antelación por el sufrimiento que Él permitirá en tu vida.

Muévete más allá de resistir al sufrimiento

¿Cómo ha usado Dios el sufrimiento en tu vida para transformarte y hacerte más como Él? ¿Cómo lo hace ahora?

Tus reflexiones... aplicación a tu vida... tus motivos de oración...

DESTINADO PARA LA GRANDEZA

Se ha dicho que se requiere una mano firme para sostener una copa llena.

Dios planeaba darle una copa llena al apóstol Pablo. Por lo tanto, primero dirigió a Pablo hacia el anonimato en el desierto de Arabia por un tiempo (véase Gálatas 1:17). No se nos dice lo que ocurrió ahí, pero solo podemos suponer que Pablo se acercó más al Señor en compañerismo y comunión. Fue ahí que refinó su teología, como se evidencia en las epístolas del Nuevo Testamento que Dios luego le inspiró a escribir.

Esta era una forma típica que Dios usaba para tratar con muchas personas a medida que los preparaba para una tarea ministerial mayor. Dios usó a José en gran medida en la casa de Potifar, pero después lo enviaron a prisión por dos largos años. Moisés recibió cuarenta años de entrenamiento en el desierto de Madián antes de guiar a los israelitas fuera de Egipto. A David lo ungieron rey de Israel cuando era un adolescente, pero no fue hasta que llegó a la edad de treinta que en realidad ascendió al trono. Cuando Elías con obediencia comunicó el mensaje de Dios al rey Acab y a la reina Jezabel, se fue al arroyo de Querit por un gran rato a esperar en Dios.

Dios estaba preparando a todos estos hombres para lo que les esperaba, al igual que lo hizo con Pablo.

Si soportáis la disciplina, **Dios** os trata como a hijos; porque ¿qué hijo es aquel a quien el padre no **disciplina**?

HEBREOS 12:7

Cuando uno ha pasado por los desiertos de la dificultad, Dios te usa para ministrar con más eficacia a los demás. ¿Te hallas en una «experiencia en el desierto»? Tal vez Dios tenga en mente algún entrenamiento para ti.

Recuerda, nunca podrás ser demasiado pequeño para que Dios te use; solo demasiado grande.

La invitación del Señor a su pueblo

Y comprended hoy, porque no hablo con vuestros hijos que no han sabido ni visto el castigo de Jehová vuestro Dios, su grandeza, su mano poderosa, y su brazo extendido.

DEUTERONOMIO 11:2

Con Dios en oración

Comprométete con cualquier entrenamiento y preparación por el cual Dios quiera que pases, sea cual sea.

Muévete más allá del temor a la adversidad

Cuando piensas sobre las pruebas y adversidades que Dios te ha permitido experimentar, ¿qué propósito ves en estas? ¿De qué maneras piensas que Él está tratando de cambiarte y refinar tu carácter?

Tus reflexiones... aplicación a tu vida... tus motivos de oración...

TERMINEMOS LO QUE COMENZAMOS

Imagina por un momento que tú y yo estamos de competidores en una carrera de diez vueltas en una pista. Cuando se dispara la pistola para comenzar, nos echamos a correr y dejo que te tragues mi polvo. Yo corro bien rápido; tú corres bien lento.

Al llegar a la décima y última vuelta, me digo: *Le estoy dando tremendo palo a la competencia. Antes de terminar, voy a ir a comprarme un buñuelo.* Así que me salgo de la pista.

Pasan diez minutos y al fin cruzas la línea final. Pero yo no he regresado de mi receso.

Es obvio que yo corro mejor que tú. Pero si no llegué a terminar la décima vuelta y cruzar la línea final, perdí la carrera. No importa si estuve al frente por nueve de las diez vueltas. Tenía que terminar la carrera que comencé.

> Me sentiré satisfecho de no haber **corrido** ni trabajado en vano.
> FILIPENSES 2:16, NVI

De la misma manera, hay muchas personas que comenzaron con una gran explosión de energía cuando empezaron a seguir al Señor. Quizá tú seas una de ellas. Si es así, fantástico. Pero escucha: eso fue entonces, y esto es ahora. La forma en que tú corrías hace un año, o incluso hace un mes, ya no es importante. Pero cómo corres ahora sí lo es.

¿Mantienes el paso? ¿Eres perseverante? ¿Vas a cruzar la línea final? Puedes hacerlo si perseveras.

Al vivir la vida cristiana, habrá tiempos difíciles. Te tendrás que aferrar a la Palabra de Dios... y a su promesa de que Él cumplirá la obra que comenzó en tu vida (véase Filipenses 1:6).

Pero ¿harás el esfuerzo por cruzar la línea final?

La invitación del Señor a su pueblo

¿No sabéis que los que corren en el estadio, todos
a la verdad corren, pero uno solo se lleva el premio?
Corred de tal manera que lo obtengáis.

1 CORINTIOS 9:24

Con Dios en oración

Pídele a Dios que fortalezca tu resistencia en todo sentido: espiritual, física, emocional y mentalmente.

Muévete más allá de la falta de perseverancia

¿Cómo estás en la carrera de la vida cristiana? ¿Eres perseverante? ¿Estás seguro de que llegarás a la línea final?

Tus reflexiones... aplicación a tu vida... tus motivos de oración...

¿UN ALA O UN PESO?

Oí de una gran concertista de violín a la que le preguntaron cuál era el secreto de sus grandes interpretaciones. Ella respondió: «Abandono planificado. Cualquier cosa que me impida practicar y tocar bien la debo abandonar».

Creo que a algunos de nosotros nos vendría bien un poco de abandono intencional en nuestras vidas, porque hay mucha más basura ahí que lo que podemos concebir. Si no me crees, trata de mudarte de una casa a otra. ¿No es increíble la cantidad de basura que has coleccionado? Lo mismo es cierto en nuestra vida. Tomamos cosas que no necesitamos. A cada rato debemos descartar este exceso de peso.

> Ustedes estaban **corriendo** bien. ¿Quién los estorbó para que dejaran de **obedecer** a la verdad?
>
> GÁLATAS 5:7, NVI

Cuando la carrera de la vida se pone difícil, nos gusta culpar a las circunstancias, a otras personas o a veces incluso a Dios. Pero debemos recordar que si tropezamos o caemos, es culpa nuestra. La Biblia declara: «Todas las cosas que pertenecen a la vida y a la piedad nos han sido dadas por su divino poder» (2 Pedro 1:3).

La Biblia nos dice: «Despojémonos de todo peso y del pecado que nos asedia» (Hebreos 12:1). Observa la diferencia: debemos despojarnos no solo del pecado, sino también del peso que impide nuestro progreso.

De hecho, sugiero que de vez en cuando te hagas esta pregunta sobre las áreas cuestionables de tu vida: ¿Es un ala o un peso? En otras palabras, ¿le añade velocidad en esta carrera en la que corres? ¿O es un peso, algo que aminora tu velocidad?

La invitación del Señor a su pueblo

Despojémonos de todo peso y del pecado que nos asedia, y corramos con paciencia la carrera que tenemos por delante.

HEBREOS 12:1

Con Dios en oración

Pídele que te dé claridad para entender y evaluar todo lo que consume tu tiempo y energía.

Muévete más allá de los impedimentos al progreso espiritual

Piensa en tus obligaciones, responsabilidades, actividades y diversiones. ¿Será que algunas de estas cosas te limitan tu vida espiritual y reducen tu velocidad? ¿Qué cambios debes hacer?

Tus reflexiones... aplicación a tu vida... tus motivos de oración...

EN FOCO

Cuando estaba en la secundaria, participaba en el campo y la pista. Yo era un corredor de corta distancia bastante bueno, pero era malísimo para las largas distancias. Odiaba practicar. Pero si veía una muchacha bonita en las graderías, tenía una nueva motivación para correr.

Al correr la carrera de esta vida, debemos tener una mejor motivación que la que yo tuve en la secundaria. Corremos para una audiencia de uno: Jesucristo. Él nos ve. Él ora por nosotros. De hecho, la Biblia nos dice que Él «vive siempre para interceder» por nosotros ante Dios (véase Hebreos 7:25, NVI).

Esto es lo que le dio valor al joven Esteban cuando se paró delante de sus acusadores, que estaban listos para matarlo. Lleno del Espíritu Santo, pudo ver una visión de Jesús en el cielo y dijo: «He aquí, veo los cielos abiertos, y al Hijo del Hombre que está a la diestra de Dios» (Hechos 7:56). Ver a Jesús le dio a Esteban la capacidad de correr la carrera hasta el final.

Ver a Jesús también le dio a Simón Pedro la posibilidad de caminar sobre el agua. Mientras mantuvo su mirada en el Señor, hizo lo imposible.

> Mas yo a Jehová **miraré**.
> MIQUEAS 7:7

Mantener nuestra mirada en Jesús es muy importante. ¿Por qué? Porque las circunstancias nos van a desilusionar y a veces devastar. Las personas nos van a fallar y a quedarse cortas ante nuestras expectativas. Las emociones van y vienen. Pero Jesús siempre estará ahí para animarnos.

Él corrió delante de ti. Él es el máximo ganador. Te mostrará cómo correr. Pero tienes que seguir con la mirada puesta en Él.

La invitación del Señor a su pueblo

Puestos los ojos en Jesús, el autor y consumador de la fe.

HEBREOS 12:2

Con Dios en oración

Separa un tiempo hoy para adorar a tu Señor y Salvador, Jesucristo, y para pensar acerca de la perfección de todo lo que Él es.

Muévete más allá del enfoque incorrecto

¿Cómo puedes mantener la mirada en Jesús con mayor eficacia a través de cada día?

Tus reflexiones... aplicación a tu vida... tus motivos de oración...

LA VERDADERA COMPETENCIA

En las competencias de carreras, a cada atleta se le asigna una senda en la pista. Se espera que cada uno se quede en su senda asignada. De igual manera, al correr tú y yo la carrera de la vida, no estamos en competencia contra otros creyentes. Más bien, nuestra competencia es contra nuestros enemigos: el mundo, la carne y el diablo. La meta no es dejar atrás a los demás creyentes; la meta es dejar atrás a esas malvadas influencias que aun pueden hacernos caer.

Tal vez tu progreso en la madurez espiritual no es lo que debiera ser. Quizá justifiques tu paso lento al señalar a otras personas que todavía corren por detrás de ti. Es cierto. Pero es probable que haya muchas personas delante de ti también.

Sin embargo, no te debes preocupar por quién esté detrás ni delante. Debes correr la carrera que se ha trazado para ti. Dios no te ha llamado para correr la carrera de otro. Cada uno de nosotros está llamado a correr su propia carrera.

> Así que, yo de esta manera corro, no como a la **ventura**.
>
> 1 Corintios 9:26

Un incidente de la vida de Pedro ilustra esta verdad. Después que Pedro fuera restaurado por el Señor a continuación de su negación, Jesús le expuso cómo su vida terminaría y luego le dijo: «Sígueme». Mientras hablaban, Pedro se fijó en «el discípulo a quien amaba Jesús» que caminaba detrás de ellos. Pedro le preguntó: «Señor, ¿y qué de éste?».

Jesús respondió: «Si quiero que él quede hasta que yo venga, ¿qué a ti? Sígueme tú» (Juan 21:22). Una paráfrasis libre sería: «Pedro, eso no te interesa. Solo haz lo que te dije que hicieras».

¿Estás enfocado en lo que sabes que Dios te ha llamado a hacer? ¿Corres lo mejor que puedes en la carrera única que te han llamado a terminar? ¿O te has distraído por lo que hace Dios en la vida de otros creyentes?

La invitación del Señor a su pueblo

Sígueme tú.

JESÚS, EN JUAN 21:22

Con Dios en oración

Dale gracias a Dios por la carrera única que Él te ha llamado a correr. Dale gracias por la manera en que Él te ha creado con especialidad para esta carrera, por la manera en que Cristo Jesús te ha dotado de forma única para correrla.

Muévete más allá de competir con otros creyentes

¿Estás buscando de todo corazón el curso único que Dios ha trazado para ti? ¿Cómo te has distraído por lo que sucede en la vida de otros creyentes?

Tus reflexiones... aplicación a tu vida... tus motivos de oración...

CORRER PARA GANAR

No hace mucho celebré mis cincuenta años de vida. Envejecer no es un pensamiento deprimente, porque desde el día que entregué mi vida a Jesucristo, la vida ha sido una aventura. No me arrepiento de un solo día de mi vida que he pasado siguiendo y sirviendo al Señor.

Claro, mi vida ha tenido algunas sorpresas. He visto triunfar a personas que nunca imaginé que triunfaran en la vida cristiana, y he visto caer a personas que nunca pensé que caerían. Algunos cristianos tienen una arrancada poderosa, y luego chocan y se queman. Otros han tenido un comienzo bastante débil, y luego, de alguna manera y con el tiempo se han estabilizado.

Sobre todo, hay quienes comienzan y terminan la carrera con excelencia. Quiero ser uno de esos. ¿Y tú?

> Prosigo **a** la meta, al **premio** del supremo
> llamamiento de Dios en Cristo Jesús.
>
> FILIPENSES 3:14

Esto es lo que debemos recordar: nosotros establecemos cómo va a terminar la carrera que corremos. Déjame expresarlo de otra manera: si tú quieres ser un ganador en la carrera de la vida, lo puedes ser; si quieres ser un perdedor, también lo puedes ser. La verdad es que eso se reduce a las decisiones que tomas cada día.

Con frecuencia he dicho que las personas se alejan del Señor porque, al fin y al cabo, eso es lo que prefieren. Abandonan ciertas cosas a las que se deben aferrar, a la vez que permiten otras cosas en sus vidas que deben desatender.

Al tomar nuestras decisiones, nuestras decisiones nos formarán. Toma la decisión correcta hoy para asegurarte de que vas a correr bien en la carrera cristiana de aquí a cinco, diez y veinte años.

Te pregunto hoy: ¿Haces un esfuerzo solo a medias? ¿O corres para ganar?

La invitación del Señor a su pueblo

Por tanto, ceñid los lomos de vuestro
entendimiento; sed sobrios.

1 PEDRO 1:13

Con Dios en oración

Dale gracias a Él por dotarte para ganar la carrera que te ha llamado a correr.

Muévete más allá de la indiferencia

¿Cuáles son algunos pasos prácticos que puedes dar hoy para asegurarte de que correrás bien la carrera cristiana de aquí a cinco, diez o veinte años?

Tus reflexiones... aplicación a tu vida... tus motivos de oración...

FUERZA EN LA CANTIDAD

Jesús dijo: «Si dos de ustedes en la tierra se ponen de acuerdo sobre cualquier cosa que pidan, les será concedida por mi Padre que está en el cielo. Porque donde dos o tres se reúnen en mi nombre, allí estoy yo en medio de ellos» (Mateo 18:19-20, NVI). No cabe duda: cuando los cristianos se juntan a orar, pasan cosas.

Es bueno unir fuerzas con otros creyentes. Pero no entendamos mal. Este versículo no quiere decir que si dos cristianos se ponen de acuerdo para orar por un jet privado, Dios se los va a dar como respuesta a sus oraciones. Lo que Jesús dice es que si dos personas ponen sus voluntades en línea con la voluntad de Dios, se ponen de acuerdo en esa área, y se mantienen en oración con respecto a eso, van a ver resultados.

> Y **perseveraban** en la doctrina de los apóstoles, en la **comunión** unos con otros, en el partimiento del pan y en las oraciones.
>
> HECHOS 2:42

Por eso es que debemos orar con nuestros amigos cristianos. Por eso es que debemos llamar a las personas y decir: «Oremos juntos por esto». Es por eso que los cristianos necesitan formar parte de una iglesia. Si quieres crecer en lo espiritual, debes ser parte de una congregación de creyentes. No es algo opcional. Debes ser parte de un grupo de creyentes, desarrollar amistades con ellos y llegar a ser una parte productiva de ese grupo. Si no formas parte de una iglesia de un modo regular, me atrevería a decir que es probable que estés pasando trabajo en lo espiritual.

Así como debes comer, beber y respirar para vivir, debes leer la Biblia, orar y formar parte de una iglesia para vivir en lo espiritual. No son cosas que superarás con la edad. Las va a necesitar hasta tu último día en esta tierra. Y si abandonas estas cosas, te garantizo que vas a tener una crisis espiritual.

_____

La invitación del Señor a su pueblo

No dejemos de congregarnos, como acostumbran hacerlo algunos, sino animémonos unos a otros, y con mayor razón ahora que vemos que aquel día se acerca.

HEBREOS 10:25, NVI

_____

Con Dios en oración

Dale gracias a Dios por toda su gracia, que llega a ti a través de las vidas y ministerios de otros creyentes.

Muévete más allá del aislamiento de los demás creyentes

¿Estás bien involucrado en tu iglesia local? ¿Eres una parte productiva de ella? ¿Estás a la búsqueda de una manera activa del ministerio y la comunión con otros a través de tu iglesia?

Tus reflexiones... aplicación a tu vida... tus motivos de oración...

ORACIONES ESTORBADAS

Un gran estorbo para recibir respuestas a nuestras oraciones es la falta de perdón en nuestro corazón. Si guardas rencor y odio por alguien, eso puede impedir tus oraciones. De tal modo que Jesús dice que si estás en oración «perdonad, si tenéis algo contra alguno, para que también vuestro Padre que está en los cielos os perdone a vosotros vuestras ofensas» (Marcos 11:25).

Quizá pienses: «¡Un momento! Esa persona me estafó. Se aprovechó de mí». Pero es esa clase de actitud que impide nuestras oraciones. Así que resuelve esas cosas. Acláralas. Perdona.

Otra cosa que puede impedir tus oraciones es tener un ídolo en tu corazón. En el libro de Ezequiel, Dios nos advierte acerca de aquellos que «han puesto sus ídolos en su corazón» y que «han establecido el tropiezo de su maldad delante de su rostro». Entonces dice: «¿Acaso he de ser yo en modo alguno consultado por ellos?» (Ezequiel 14:3). Un ídolo es cualquier cosa o persona que ocupe el lugar de Dios en tu vida. Puede ser una imagen delante de la cual te postras, pero también puede ser tu carrera. Pueden ser tus posesiones. Puede ser tu cuerpo. Puede ser cualquier cosa que sea más importante que Dios mismo. Y eso estorbará tus oraciones.

¿Quién subirá al **monte** de Jehová? ¿Y quién estará en su lugar santo? El limpio de manos y puro de corazón; El que no ha **elevado su alma** a cosas vanas, ni jurado con engaño. El recibirá bendición de Jehová, y **justicia** del Dios de salvación. Tal es la generación de los que le buscan, de los que buscan tu **rostro**, oh Dios de Jacob.

SALMO 24:3-6

El pecado no confesado también detendrá por completo tu vida de oración, según afirmó el autor del Salmo 66: «Si no hubiera confesado el pecado de mi corazón, mi Señor no me habría escuchado» (Salmo 66:18, NTV). Como dice un viejo refrán: «Si te sientes alejado de Dios, adivina quién se movió».

¿Has permitido que alguien estorbe tus relaciones con Él? Tú puedes cambiar eso ahora.

La invitación del Señor a su pueblo

Acérquense a Dios, y él se acercará a ustedes.
¡Pecadores, límpiense las manos! ¡Ustedes los
inconstantes, purifiquen su corazón!

SANTIAGO 4:8, NVI

Con Dios en oración

Dale gracias por dejar en claro en su Palabra las cosas que pueden impedir nuestra comunicación con Él.

Muévete más allá de los estorbos a la oración

¿Has permitido que algo estorbe tu comunicación con Dios en la oración? Si es así, elimina esos obstáculos ahora.

Tus reflexiones... aplicación a tu vida... tus motivos de oración...

TIEMPO CON EL PADRE

Durante una visita a Israel tuve la oportunidad de ver una réplica de una casa de los tiempos de Cristo. Me sorprendió cuán sofisticada era esta casa. Tenía diferentes cuartos, uno de los cuales incluso tenía una bañadera. Era más bien bonita. Por supuesto, no todas las casas en los días de Jesús eran así pero algunas sí.

Sin embargo, es probable que Jesús no viviera en una casa como esa, porque en Mateo 8:20, Él dice: «Las zorras tienen guaridas, y las aves del cielo nidos; mas el Hijo del Hombre no tiene dónde recostar su cabeza». El Evangelio de Juan ofrece más información: «Cada uno se fue a su casa; y Jesús se fue al monte de los Olivos» (7:53—8:1).

En este pasaje en particular no leemos que los discípulos de Jesús estaban con Él. Mientras los demás se fueron a sus casas cómodas, Jesús se fue a dormir al aire libre. También fue a comunicarse con su Padre.

> Mas él se **apartaba** a lugares desiertos, y oraba.
>
> LUCAS 5:16

Cuando los fariseos estaban ocupados en inventar la manera más original de tender una trampa para Jesús, Él se dedicaba a pasar el tiempo en la presencia de su Padre. Mientras sus enemigos se comunicaban con el infierno, Jesús estaba en comunión con el cielo. Al hacer esto, nos dejó un ejemplo a seguir.

Hay momentos en que necesitamos alejarnos de la multitud y pasar un tiempo en comunión con nuestro Padre celestial. Aunque no tenemos por necesidad que abandonar nuestras casas, tal vez tengamos que abandonar algunas actividades u ocupaciones. Hay veces en que necesitamos alejarnos de las preocupaciones y presiones de la vida para pasar un tiempo con el Señor. Puedo garantizar que será un tiempo bien invertido.

La invitación del Señor a su pueblo

Mas tú, cuando ores, entra en tu aposento, y cerrada la puerta, ora a tu Padre que está en secreto; y tu Padre que ve en lo secreto te recompensará en público.

JESÚS, EN MATEO 6:6

Con Dios en oración

Recuerda darle gracias con frecuencia por el privilegio de entrar en su presencia.

Muévete más allá de las presiones que te impiden orar

Planea separarte de las presiones rutinarias de la vida para pasar un tiempo prolongado, concentrado y sin interrupciones con el Señor.

Tus reflexiones... aplicación a tu vida... tus motivos de oración...

POBRES EN ESPÍRITU

Cuando Jesús dijo: «Bienaventurados los pobres en espíritu», esa palabra *pobres* conlleva la imagen de alguien encogido, acobardado. Describe una persona desamparada, alguien que depende por completo de la ayuda de otros.

> Bienaventurados los pobres en espíritu, porque de ellos es el **reino** de los cielos.
>
> JESÚS, EN MATEO 5:3

Pero Jesús no se refería a la situación económica de la persona. Más bien, quería decir su condición espiritual. No perdamos de vista lo que Él dice. Bienaventurado, o feliz, es la persona que reconoce su pobreza espiritual aparte de Dios. Felices son aquellos que se ven como en realidad son en los ojos de Dios: perdidos, sin esperanza e indefensos.

Aparte de Jesucristo, todo el mundo es pobre en espíritu. A pesar de nuestra educación, logros o conocimiento religioso, todos somos indigentes en el sentido espiritual.

Quizá miremos a alguien que está en la cárcel o a una persona derrotada o al adicto a las drogas y pensemos: *Ahora ese sí que es un indigente en lo espiritual.* Entonces nos miramos. Tal vez hemos vivido una vida bastante refinada. A lo mejor hemos tenido una buena educación y hemos logrado ciertas cosas. Decimos: «Yo no estoy tan desamparado como esa persona». En cierto sentido, eso puede ser verdad. Pero en otro sentido, no es verdad para nada. Delante de Dios, todas las personas son unos indigentes en sentido espiritual y no pueden ayudarse a sí mismas.

A algunas personas les cuesta trabajo reconocer esto. Nos es difícil reconocer cuánto necesitamos buscar a Dios, cuánto necesitamos su perdón. Pero si queremos que se nos perdone, si queremos ser felices, debemos humillarnos y reconocer nuestra necesidad.

La invitación del Señor a su pueblo

Humillaos, pues, bajo la poderosa mano de Dios.

1 Pedro 5:6

Con Dios en oración

Reconoce delante de Él tu verdadera pobreza espiritual.

Muévete más allá del orgullo espiritual y la autosatisfacción

¿Te cuesta trabajo reconocer que eres un indigente espiritual? Si es así, confiesa con humildad tu orgullo a Dios.

Tus reflexiones... aplicación a tu vida... tus motivos de oración...

FELICES SON LOS INFELICES

Después de evaluar su condición espiritual en una ocasión, el apóstol Pablo dijo: «¡Miserable de mí! ¿Quién me librará de este cuerpo de muerte?» (Romanos 7:24). Pablo se vio a sí mismo tal como era; alguien con una necesidad de cambio. Pablo vio su verdadera condición a la luz de la verdad de Dios y se dio cuenta de que era un indigente espiritual y que tenía una gran necesidad. Eso le produjo arrepentimiento. Le hizo lamentar su condición de pecador.

> Bienaventurados los que **lloran**, porque ellos recibirán consolación.
>
> JESÚS, EN MATEO 5:4

La declaración de Jesús, «Bienaventurados los que lloran», se podría expresar de otro modo como «Felices son los infelices». Eso suena como una contradicción. ¿Cómo puedo ser feliz si soy infeliz? Pero según la Biblia, antes de poder ser feliz de verdad, tiene que ser infeliz. ¿Por qué? Porque «la tristeza que es según Dios produce arrepentimiento» (2 Corintios 7:10).

Si realmente te sientes compungido por tu pecado, no solo estarás triste y compungido, sino que también harás algo con respecto a eso. De manera específica, te arrepentirás de ese pecado y te volverá de él.

La Biblia dice: «Bienaventurados aquellos cuyas iniquidades son perdonadas, y cuyos pecados son cubiertos. Bienaventurado el varón a quien el Señor no inculpa de pecado» (Romanos 4:7-8). Cuando vemos nuestra condición espiritual y nuestra necesidad de

Dios, comprendemos que solo hay una manera de ser feliz; buscar a Dios y pedirle su perdón. Entonces recibiremos consolación, porque habremos ido a Jesucristo.

Aunque esta felicidad viene al principio por medio del dolor, al fin produce la felicidad más grande de todas. Por lo tanto, nuestra tristeza nos lleva al gozo. Pero sin esa tristeza no habría gozo.

Así que ya ves... felices son los infelices.

La invitación del Señor a su pueblo

Derramen lágrimas por lo que han hecho. Que haya lamento y profundo dolor. Que haya llanto en lugar de risa y tristeza en lugar de alegría.

SANTIAGO 4:9, NTV

Con Dios en oración

Déjale saber que lamentas la manera en que tus pecados lo han entristecido y cómo tus pecados requirieron el sacrificio de su Hijo.

Muévete más allá de la tristeza espiritual

Si estás experimentando pena y tristeza por un pecado, ¿qué debes hacer para arrepentirte y volverte de él?

Tus reflexiones... aplicación a tu vida... tus motivos de oración...

PODER BAJO CONTROL

¿Qué significa ser manso? No significa ser débil. Jesús no dijo: «Bienaventurados los débiles». Dijo: «Bienaventurados los mansos».

Una buena definición de mansedumbre es «poder bajo control» o «fuerza bajo control». El origen del significado de esta palabra incluye una palabra usada para describir la doma de un poderoso corcel. Un corcel no ha perdido su fuerza después que ha sido domado, pero en esencia, el caballo ha rendido su voluntad a su jinete.

Qué contradicción con la manera de pensar de este mundo, que dice que, si tú quieres salir adelante, debes imponerte a ti mismo. Debes defender tus derechos y tratar de ocupar el primer lugar.

> Bienaventurados los **mansos,** porque ellos recibirán la tierra por heredad.
>
> JESÚS, EN MATEO 5:5

La mansedumbre significa la rendición de tu voluntad, tus deseos y tus ambiciones a Dios. No quiere decir que no tengas voluntad, deseos ni ambiciones. Pero lo que sí significa es que le has entregado todo eso a Dios. Tú le dices: «Señor, quiero canalizar la energía que me has dado para gloria tuya. Quiero serte útil. Quiero marcar una diferencia en este mundo para ti. Ya no me busco a mí mismo; te busco a ti».

Después, a medida que comienzas a pensar más en Dios y menos en ti mismo, descubrirás que eres feliz. Pero no fue el resultado de buscar la felicidad; fue el resultado de olvidarte de ti.

En la única descripción autobiográfica de su personalidad, Jesús dijo: «Soy manso y humilde de corazón» (Mateo 11:29). Así es como deberíamos ser nosotros también. «Haya, pues, en vosotros este sentir que hubo también en Cristo Jesús» (Filipenses 2:5). Cuando seguimos su ejemplo, nuestras prioridades cambian. Una nueva cualidad espiritual se produce en nosotros: la mansedumbre.

La invitación del Señor a su pueblo

Vestíos, pues, como escogidos de Dios,
santos y amados... de mansedumbre.

COLOSENSES 3:12

Con Dios en oración

Haz este compromiso delante del Señor: «Señor, quiero canalizar la energía que tú me has dado para tu gloria. Quiero serte útil. Quiero marcar una diferencia en este mundo para ti, no para mí. Ya no estoy buscando lo mejor para mí; estoy buscando lo que es mejor para ti».

Muévete más allá de la autoafirmación

¿A cuáles aspectos de tu voluntad, deseos o ambiciones te aferras de manera egoísta? Cuando los identifiques, déjalos en las manos del Señor.

Tus reflexiones... aplicación a tu vida... tus motivos de oración...

HAMBRIENTO DE DIOS

¿Has pasado hambre de verdad alguna vez? Mi esposa me ha dicho: «Todo contigo siempre es extremo. Cuando tienes hambre, siempre dices, "Me estoy muriendo del hambre". ¿No puedes tener un poco de hambre?». Pero así es. No siento nada de hambre, y de repente ocurre: Estoy listo para comer. Sin embargo, el hambre de mi esposa es de la clase que va creciendo poco a poco.

> Bienaventurados los que tienen **hambre** y **sed** de justicia, porque ellos serán saciados.
>
> JESÚS, EN MATEO 5:6

Si has sentido hambre o sed de veras, tienes una idea de lo que Jesús dijo en Mateo 5:6. Es la imagen de alguien que tiene hambre y sed de Dios mismo, alguien que tiene hambre y sed de justicia. Esta es una persona que está harta del pecado y las búsquedas egoístas y que anhela a Dios con ardor; una persona que necesita a Dios más que a ninguna otra cosa. El salmista dijo: «Como el ciervo brama por las corrientes de las aguas, así clama por ti, oh Dios, el alma mía» (Salmo 42:1). Esta debe ser nuestra actitud también.

¿Tienes hambre de Dios? ¿Quieres conocerle de verdad? ¿Deseas con ardor una vida santa? ¿Tienes hambre de lo mejor que Dios tiene para ti? Esa es la actitud que necesitamos si de veras queremos ser personas felices. Necesitamos tener hambre de las cosas de Dios.

Si quieres ser feliz, vive una vida santa. La felicidad vendrá como resultado de buscar la santidad, la justicia y la piedad. ¡Qué búsqueda más sabia! Nadie que mire hacia atrás después de vivir semejante vida dedicada a Dios podrá decir: «De veras desperdicié mi vida».

Así que colócate en el camino de justicia. Colócate en el camino de Dios.

La invitación del Señor a su pueblo

Sigue la justicia.

2 TIMOTEO 2:22

Con Dios en oración

Habla con Él sobre tu hambre de justicia.

Muévete más allá de la falta de hambre espiritual

¿Cuál es la justicia de la que en realidad sientes hambre? ¿A qué se parece? ¿Cómo te ha ayudado Dios a entenderla?

Tus reflexiones... aplicación a tu vida... tus motivos de oración...

SER MISERICORDIOSO

En Mateo 5, las «Bienaventuranzas» de Jesús no se pronuncian al azar. Tienen una secuencia, un orden intencional.

Primero nos vemos como somos: pobres en espíritu. Luego nos lamentamos por esto y nos arrepentimos (versículo 4). Después evaluamos nuestra condición y llegamos a ser mansos de verdad (versículo 5). Más adelante, al vaciarnos de nosotros mismos, descubrimos una gran hambre de Dios (versículo 6).

Esto nos conduce al siguiente paso: convertirnos en personas de misericordia que entienden y simpatizan con los demás, incluso con aquellos que aun no conocen a Dios, que están fuera de su perdón, y que están sin su ayuda.

> Bienaventurados los **misericordiosos**,
> porque ellos alcanzarán misericordia.
> JESÚS, EN MATEO 5:7

Una buena prueba de fuego para determinar si has ido a través de los pasos anteriores y llegaste a este, es tu actitud hacia las personas que han pecado. Cuando otro cristiano ha caído en pecado, ¿cuál es tu actitud? ¿Piensas: *¡Qué idiota! Yo nunca haría eso*?

Y cuando ves a alguien sin Cristo, ¿te dices a ti mismo: *¡Qué necio! No sé cómo alguien puede vivir así*?

Si esa es tu actitud, no eres misericordioso.

¿Cuán bien conoce tú el perdón de Dios? ¿Recuerdas que en un tiempo estuviste en ese mismo lugar? Dios en su gracia nos alcanzó y perdonó; nosotros, más que nadie, debemos ser misericordiosos con los demás.

Los que tienen en poco a los demás muestran que conocen poco de la misericordia y la gracia de Dios. Mientras más justa sea una persona, más misericordiosa será. Mientras más pecadora, más áspera y crítica será.

«Bienaventurados los misericordiosos». Que Dios nos ayude a tener misericordia, para ver a las personas como Él las ve.

La invitación del Señor a su pueblo

Sed, pues, misericordiosos, como también
vuestro Padre es misericordioso.

JESÚS, EN LUCAS 6:36

Con Dios en oración

Piensa en la misericordia infinita que Él te ha mostrado y ofrécele gratitud, alabanza y adoración.

Muévete más allá de la falta de misericordia

¿A quién le debes mostrar misericordia en este día?

Tus reflexiones... aplicación a tu vida... tus motivos de oración...

¿LISTO PARA IRTE?

Si el rapto ocurriera hoy, ¿estarías listo para irte?

La Biblia dice que Cristo viene por aquellos que velan y esperan por Él. ¿La idea de que Jesús pudiera volver hoy hace que tu corazón dé un salto? ¿O hace que tu corazón agonice?

A cualquier persona que está bien con Dios le debe emocionar el inminente retorno de Jesús. Su actitud dice mucho acerca de dónde está en el aspecto espiritual. Si la idea de su regreso produce gozo en tu corazón, eso será una indicación de que estás caminando con Dios. Pero si te causa temor, es una señal de que algo no está bien en lo espiritual.

> En este mundo maligno, debemos vivir con sabiduría, justicia y **devoción** a Dios, mientras **anhelamos** con esperanza ese día maravilloso en que se revele la **gloria** de nuestro gran Dios y Salvador Jesucristo.
>
> TITO 2:12-13, NTV

Cuando Jesús habló a sus discípulos acerca de los últimos tiempos, culminó su enseñanza con una exhortación personal: «Mirad también por vosotros mismos, que vuestros corazones no se carguen de glotonería y embriaguez y de los afanes de esta vida, y venga de repente sobre vosotros aquel día. Porque como un lazo vendrá sobre todos los que habitan sobre la faz de toda la tierra» (Lucas 21:34-35).

Como seguidores de Cristo, debemos vivir de tal manera que estemos preparados para su retorno. Debemos vivir de tal manera que cada momento tenga valor. Un día, cada uno de nosotros será responsabilizado por la forma en que utilizamos nuestro tiempo, nuestros recursos y nuestra vida. No los desperdiciemos.

Permitamos que la expectativa de la inminente venida del Señor nos mantenga alertos en lo espiritual. Dejemos que nos motive a vivir vidas piadosas.

La invitación del Señor a su pueblo

*Velad, pues, porque no sabéis el día ni la hora
en que el Hijo del Hombre ha de venir.*

JESÚS, EN MATEO 25:13

Con Dios en oración

Dale gracias por la promesa en su Palabra de que Jesús volverá.

Muévete más allá de la falta de preparación para el regreso de Cristo

¿Qué pensamientos o emociones experimenta al enfrentarse con honestidad al hecho de que Jesús pudiera volver a la tierra antes de terminar de leer esta página?

Tus reflexiones... aplicación a tu vida... tus motivos de oración...

SE BUSCAN: DISCÍPULOS

John Wesley, el gran evangelista inglés, dijo en una ocasión: «Denme cien hombres que no teman nada sino al pecado y no deseen nada sino a Dios, y no me importará si sean clérigos o laicos. Solo tales hombres sacudirán las puertas del infierno y establecerán el reino del cielo en la tierra».

No se si Wesley llegó a encontrar tales hombres. Pero sé que Jesús sí.

Jesús llamó a estos hombres a ser sus discípulos. En el libro de los Hechos se les describe como «Estos que trastornan el mundo entero» (Hechos 17:6). Las personas que los llamaron así no lo expresaban como un elogio. Pero su descripción reconocía el gran impacto que los discípulos tenían.

Si ha habido un momento en la historia en que el mundo ha necesitado que se le trastorne, o más bien se le ordene, ese momento es ahora. Pero si va a suceder, tendrá que ser a través de creyentes comprometidos como los que John Wesley buscaba, personas que no temen nada sino al pecado y no desean nada sino a Dios. No deben presentarse seguidores en las buenas épocas. Dios está buscando discípulos.

> Entonces Jesús dijo a sus discípulos: Si alguno **quiere** venir en pos de mí, niéguese a sí mismo, y tome su cruz, y **sígame**.
>
> MATEO 16:24

Entonces ¿qué significa ser un discípulo? Significa tomar sus planes, metas, aspiraciones y dejarlo todo a los pies de Jesús. Significa decir: «No sea como yo quiero, sino como tú».

Comprometámonos a ser verdaderos discípulos de Jesucristo. No simples seguidores para los buenos tiempos, sino discípulos.

La invitación del Señor a su pueblo

Ven y sígueme.

JESÚS, EN MATEO 19:21

Con Dios en oración

Hazte el compromiso de ser un verdadero seguidor y discípulo de Jesucristo.

Muévete más allá de la falta de compromiso de seguir a Cristo

¿Qué significa en realidad para ti ser un discípulo de Jesucristo? ¿Significa todo lo que debe significar?

Tus reflexiones... aplicación a tu vida... tus motivos de oración...

ALMA SALVADA, VIDA DESPERDICIADA

Hace poco se llevó a cabo una encuesta en la que se preguntaba a los estadounidenses lo que pensaban que era el propósito principal de su vida. Las respuestas fueron interesantes. Uno pensaría que algunas de las respuestas más comunes serían: «contribuir a la sociedad» o «tener una vida significativa». Pero la mayoría de las personas dijeron que el propósito principal de la vida era «el placer y la realización personal». Y es interesante observar que la mitad de los encuestados se identificaron como cristianos nacidos de nuevo.

Según la Biblia, el propósito de la vida no es el placer y la realización personal. La Biblia nos enseña que estamos en esta tierra para dar gloria a Dios. Debemos grabar eso bien en nuestra mente y corazón.

Hablando por medio del profeta Isaías, Dios dijo: «Todos los llamados de mi nombre; para gloria mía los he creado, los formé y los hice» (Isaías 43:7). Fuimos creados para glorificar a Dios en todo lo que hacemos con nuestras vidas.

> Teme a Dios, y guarda sus **mandamientos**;
> porque esto es el todo del hombre.
>
> ECLESIASTÉS 12:13

¿Usas tus recursos y talentos para la gloria de Dios? A veces creemos que Dios nos ha dado esta vida para hacer lo que queramos. Decimos: *Señor, este tiempo es mío. El tiempo tuyo es el domingo por la mañana; el resto es mío,* o, *Este es el plan que tengo para mi vida; esto es lo que quiero lograr,* o, *Este dinero es mío; aquí tienes tu diez por ciento,*

Señor; le doy más que eso a una camarera, pero diez por ciento es lo único que vas a recibir. Desarrollamos un concepto falso de Dios.

Es posible tener un alma salvada y sin embargo, vivir una vida desperdiciada.

Si alguien te preguntara hoy: «¿Cuál es el propósito principal de la vida?», ¿qué le dirías?

La invitación del Señor a su pueblo

Háganlo todo para la gloria de Dios.

1 Corintios 10:31, NVI

Con Dios en oración

Pídele que te proteja de vivir una vida desperdiciada.

Muévete más allá de una vida desperdiciada

¿Cuál es tu propósito principal en la vida? ¿Es el avance del Reino de Dios y su gloria? Si es así, ¿usas de verdad tus recursos, tiempo y talentos para el Reino y la gloria de Dios? Si no, ¿cuáles cambios inmediatos debes hacer?

Tus reflexiones... aplicación a tu vida... tus motivos de oración...

EL TIEMPO ES AHORA

«Fue la mejor y la peor de las épocas». Esa es la primera línea de la novela clásica de Carlos Dickens, *Historia de dos ciudades*. En muchas maneras, las mismas palabras se pudieran usar para describir nuestra vida hoy.

En 1948, el general Omar Bradley hizo esta declaración: «Hemos comprendido el misterio del átomo y hemos rechazado el Sermón del Monte. El mundo ha logrado la brillantez sin una conciencia. El nuestro es un mundo de gigantes nucleares y enanos éticos». Si esto era cierto en 1948, sin duda es cierto hoy.

En muchas maneras las cosas nunca han sido más oscuras en lo espiritual en nuestro mundo y en nuestro país. A pesar de todos los asombrosos avances tecnológicos que hemos logrado en los años recientes, al parecer hemos retrocedido en lo moral.

A la misma vez, vemos rayos de esperanza donde Dios interviene, donde las personas llegan a la fe.

> Es ya hora de **levantarnos** del sueño; porque **ahora** está más cerca de nosotros nuestra salvación que cuando creímos.
>
> ROMANOS 13:11

Al ver el rumbo que sigue nuestro mundo, reconocemos que estas son señales de los tiempos, recordatorios de que el Señor ha de volver. Jesús nos dijo que habría ciertas cosas que deberíamos esperar que nos alertaran de que su venida se acercaba. Entonces añadió: «Cuando estas cosas comiencen a suceder, erguíos y levantad vuestra cabeza, porque vuestra redención está cerca» (Lucas 21:28).

Si ha habido un tiempo en el que debemos estar seguros de que nuestras vidas están bien con Dios, si ha habido un tiempo para estar seguros de que caminamos con Él, para poder mirar hacia arriba con gozo mientras se acerca nuestra redención, ese tiempo es ahora.

——————————————————————————————————

La invitación del Señor a su pueblo

Mirad, pues, con diligencia cómo andéis,
no como necios sino como sabios.

EFESIOS 5:15

——————————————————————————————————

Con Dios en oración

Dale gracias por los lugares en este mundo en los que muchas personas llegan a creer en Jesucristo.

Muévete más allá de la falta de preparación para el regreso de Cristo

En este momento, ¿está tu vida bien con Dios? Asegúrate de que esté bien. Haz lo necesario para estar seguro de esto.

Tus reflexiones... aplicación a tu vida... tus motivos de oración...

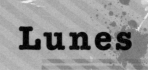

INMORTALIDAD

El historiador Will Durant, cuando llegó a la edad de setenta, dijo: «Vivir para siempre sería la maldición más grande concebible».

¿Viviremos para siempre? La respuesta es sí... y no. ¿Vivirán nuestros cuerpos para siempre? No. ¿Dejarán de existir nuestros cuerpos en algún momento? Por supuesto. Pero el alma es inmortal. Cada uno de nosotros tiene un alma. Es el alma lo que nos da a cada uno de nosotros unicidad y personalidad. Esa parte de nosotros vivirá para siempre.

Muchas personas buscan hoy la inmortalidad, esa elusiva fuente de la juventud. A veces nos cuesta trabajo aceptar que la vida está pasando y la muerte se acerca. Un día, despertarás y te darás cuenta de que tienes más vida detrás de ti que por delante. Pero la pregunta que debemos hacer no es: «¿Puedo encontrar la inmortalidad?». Más bien debe ser: «¿Dónde estaré en mi inmortalidad?».

La Biblia enseña que si has puesto tu fe en Jesucristo y le has pedido que perdone tus pecados, cuando mueras irás de inmediato a la presencia de Dios en el cielo. Esa es la promesa de Dios para ti.

> La carne y la sangre no pueden **heredar** el reino de Dios, ni la corrupción hereda la incorrupción. He aquí, os digo un **misterio**: No todos dormiremos; pero todos seremos **transformados**.
>
> 1 CORINTIOS 15:50-51

Pero Dios no solo promete vida más allá de la tumba. También promete vida durante la vida; no solo una existencia, sino una vida que vale la pena vivirla. Jesús dijo: «Yo he venido para que todos ustedes tengan vida, y para que la vivan plenamente» (Juan 10:1, TLA).

Esa es la esperanza y la promesa para todos los cristianos. Por eso es que los creyentes no tienen que temer a la muerte... ni temer a la vida.

La invitación del Señor a su pueblo

Esfuérzate y sé muy valiente.

JOSUÉ 1:7

Con Dios en oración

Dale gracias por las promesas en su Palabra de vida eterna para todos aquellos que creen en Jesucristo para salvación.

Muévete más allá del temor a la muerte

¿Tienes miedo de morir? ¿Y tienes valor de vivir tu vida como un audaz testigo de Jesucristo?

Tus reflexiones... aplicación a tu vida... tus motivos de oración...

LA VERDAD ACERCA DEL DIABLO

Martín Lutero tenía razón cuando escribió la letra del himno «Castillo fuerte es nuestro Dios»: «Con furia y con afán acósanos Satán. Por armas deja ver astucia y gran poder; cual él no hay en la tierra».

Si eres cristiano, debes saber que tienes un adversario por ahí. Él quiere hacerte tropezar. Quiere arrastrarte hacia abajo.

Nunca debemos subestimar al diablo. Es un adversario astuto y hábil. Él ha tenido muchos años de experiencia de tratar con la humanidad. Por eso es que hay algunas cosas importantes que debemos recordar sobre el diablo, cosas que el diablo no quiere que sepamos.

Debemos comprender que Satanás dista mucho de ser igual a Dios. Dios es omnipotente, lo que significa que es todopoderoso. Dios es omnisciente, lo que significa que lo sabe todo. Es omnipresente, lo que significa que está presente en todas partes.

> Ahora es el **juicio** de este mundo; ahora el príncipe de este **mundo** será echado fuera.
>
> JESÚS, EN JUAN 12:31

En un contraste marcado y directo, el diablo no refleja ninguno de estos atributos divinos. Aunque es poderoso, Satanás no es omnipotente. Ni es omnisciente; su conocimiento tiene límites. Por último, no es omnipresente. Aunque Dios puede estar en todas partes a la misma vez, Satanás solo puede estar en un lugar a la vez.

Pero, sobre todo, debemos saber que el diablo fue derrotado de manera decisiva en la cruz. Ahí perdió su agarre de fuerza en la vida de la raza humana. Como cristiano, tú has quedado libre por el poder de Jesucristo.

La invitación del Señor a su pueblo

Ni deis lugar al diablo.

EFESIOS 4:27

Con Dios en oración

Dale gracias que a través de su muerte y resurrección, Jesucristo ha derrotado al diablo para siempre.

Muévete más allá de la ignorancia sobre el diablo

En la guerra espiritual que enfrentamos en la vida cristiana, ¿estás tan bien informado sobre tu enemigo como lo debes estar?

Tus reflexiones... aplicación a tu vida... tus motivos de oración...

UN MOMENTO COMO ESTE

El libro de Ester en el Antiguo Testamento es una maravillosa historia de amor, una historia de lo que Dios hizo en la vida de una mujer para literalmente salvar a una nación. Ester era una judía que había sido arrancada del anonimato a través de una insólita cadena de eventos que la llevó a ser la reina de Asuero, rey de Persia. Mientras tanto, un hombre malvado llamado Amán había estado desarrollando un complot para matar a los quince millones de judíos de ese reino. Por eso Mardoqueo, el tío de Ester, fue al palacio, pues quería que ella usara su influencia para ayudar a su pueblo.

Le envió este mensaje a Ester:

«No te imagines que por estar en la casa del rey serás la única que escape con vida de entre todos los judíos. Si ahora te quedas absolutamente callada, de otra parte vendrán el alivio y la liberación para los judíos, pero tú y la familia de tu padre perecerán. ¡Quién sabe si no has llegado al trono precisamente para un momento como éste!» Ester 4:13-14, NVI

> «¡Quién sabe si no has llegado al trono precisamente para **un momento** como éste!»
> ESTER 4:14, NVI

Dondequiera que te encuentres hoy, sabe que Dios te ha puesto ahí para un momento como este. Él te ha puesto en ese trabajo o esa escuela. Él te ha puesto en ese barrio. Hay oportunidades que aprovechar. Tú necesitas aprovecharte de ellas.

Pero el dilema de Ester es similar al de muchos creyentes hoy. Han sido liberados del pecado. Han encontrado la seguridad en la iglesia. Y se han puesto perezosos. No tienen visión. Por supuesto, el diablo está feliz con esto, porque es del modo preciso en que él quiere que los cristianos vivan. Sé un cristiano complaciente y apático, y el diablo, por lo general, estará feliz.

La invitación del Señor a su pueblo

Nunca dejen de ser diligentes; antes bien, sirvan al Señor con el fervor que da el Espíritu.

ROMANOS 12:11, NVI

Con Dios en oración

Dale gracias por las oportunidades que Él pone delante de ti hoy mismo. Pídele que te haga del todo consciente de las oportunidades, y entonces saca el máximo provecho de ellas.

Muévete más allá de la complacencia y la apatía

¿Cuáles son las oportunidades que Dios pone delante de ti hoy? ¿Cuáles son los pasos que debes dar para asegurarte de que a Dios le agrade la forma en que reaccionas ante cada oportunidad?

Tus reflexiones... aplicación a tu vida... tus motivos de oración...

EN CADA VUELTA

Durante la Guerra de Corea, una unidad conocida como compañía Baker [«compañía B»] quedó separada de su regimiento, y las fuerzas del enemigo avanzaron contra ella. Durante varias horas, ninguna palabra llegó de la compañía Baker. Al fin, se estableció contacto radial con ellos, y cuando se les pidió un reporte de su situación, la compañía Baker respondió: «El enemigo está al este de nosotros. El enemigo está al oeste de nosotros. El enemigo está al sur de nosotros. El enemigo está al norte de nosotros». Entonces, después de una pausa breve, la voz continuó: «Y esta vez no vamos a dejar que se nos escapen».

Así es como parece la vida del creyente. El enemigo está en cada vuelta. Sin embargo algunos cristianos no entienden que la vida cristiana no es un campo de recreo, sino de batalla. Están inconscientes de que se está librando una guerra. Y en esta guerra, están ganando o están perdiendo.

> Guíame, Jehová, en tu **justicia**, a causa de mis enemigos; **endereza** delante de mí tu camino.
>
> SALMO 5:8

En una batalla, siempre es mejor ser un atacante que un defensor, porque el que defiende siempre está a la espera del siguiente ataque del enemigo, a la espera de sobrevivir. Si nosotros, como creyentes, siempre estamos a la defensiva, entonces el diablo está en la posición superior. Pero si estamos al ataque, nosotros tenemos la posición superior.

Cuando el apóstol Pablo escribió sobre la armadura de Dios, mencionó un arma ofensiva: «la espada del Espíritu, que es la palabra de Dios» (Efesios 6:17). No te equivoques: hay autoridad y poder en la Palabra de Dios. La Palabra de Dios punza. La Palabra de Dios penetra. La Palabra de Dios impacta.

Cuando el enemigo te tenga rodeado, mantenlo a la defensiva con la Palabra de Dios.

La invitación del Señor a su pueblo

Y tomad el yelmo de la salvación, y la espada
del Espíritu, que es la palabra de Dios.

EFESIOS 6:17

Con Dios en oración

Dale gracias por el poder de su Palabra. Agradécele en particular por lo que la Biblia ha significado para tu vida.

Muévete más allá de la pasividad en la guerra espiritual

¿A quién le puedes hablar hoy de la Palabra de Dios al unirte a la batalla por la verdad y el Evangelio?

Tus reflexiones... aplicación a tu vida... tus motivos de oración...

¿QUÉ PIENSAS?

Cuando Jesús caminó sobre esta tierra, desenmascaró a la élite religiosa de esos días, los fariseos, que con aire de suficiencia creían que si no cometían ciertos pecados, estaban bien. De alguna manera habían pensado que los pensamientos inmorales en sí no eran malos. Pero Jesús les dijo esto:

> Oísteis que fue dicho: No cometerás adulterio. Pero yo os digo que cualquiera que mira a una mujer para codiciarla, ya adulteró con ella en su corazón.
>
> MATEO 5:27-28

No les gustó mucho oír eso.

¿Qué les indicaba Jesús a aquellos hombres... y a nosotros también? Enfatizaba la importancia de la mente. Del corazón. De la actitud. Eso es porque el pecado no es solo una cuestión de acciones y obras. Es algo que está dentro del corazón y de la mente que conduce a la acción.

> Porque cual es su **pensamiento** en su corazón, tal es él.
>
> PROVERBIOS 23:7

El pecado te engaña para que pienses que si has considerado un acto malo, pero no lo has realizado, está bien. En realidad, si uno sigue pensando en ello, solo será una cuestión de tiempo antes que ese pensamiento pecaminoso se convierta en una acción. Aun si no ocurre, solo ese pensamiento es destructivo en el plano espiritual. Así que debes hacer lo que sea necesario como cristiano para proteger tus pensamientos.

Satanás reconoce el valor de ganar terreno en la esfera de tus pensamientos e imaginaciones, porque sabe que esto prepara el camino para que un pensamiento perverso, con el tiempo, se convierta en una acción perversa.

Recuerda este refrán: «El que siembra un pensamiento, cosecha una acción. El que siembra una acción, cosecha un hábito. El que siembra un hábito, cosecha un carácter. El que siembra un carácter, cosecha un destino». Todo comienza con un pensamiento.

La invitación del Señor a su pueblo

Poned la mira en las cosas de arriba, no en las de la tierra.

COLOSENSES 3:2

Con Dios en oración

Pídele que obre de forma activa para ayudarte a identificar malos pensamientos y a purificar tu mente y corazón.

Muévete más allá del engaño del pecado

¿Has sido demasiado tolerante con los pensamientos malos? ¿Permites que permanezcan mucho tiempo y continúen en tu mente?

Tus reflexiones... aplicación a tu vida... tus motivos de oración...

UN LUGAR PARA JESÚS

Imagínate en casa esta noche y que te preparas para ir a dormir, cuando de repente oyes a alguien golpeando la puerta. Tú vas y la abres. ¡Quién te lo iba a decir! ¡Es Jesús!
¿Cómo reaccionarías?
Por supuesto, sabemos que eso no va a pasar. El Señor no va a venir en forma corporal a golpear tu puerta. Pero libera tu imaginación por un momento y digamos que Jesús haga eso mismo. El mismo Jesús ha estado parado frente a tu puerta y ha estado golpeando. ¿Abrirás bien la puerta y lo recibirás con alegría? ¿O te sentirás un poco aprensivo?

> Pido en oración que, de sus gloriosos e inagotables recursos, los **fortalezca** con poder en el ser interior por medio de su Espíritu. Entonces Cristo **habitará** en el corazón de ustedes a medida que confíen en él. Echarán raíces profundas en el amor de Dios, y ellas los mantendrán fuertes.
>
> EFESIOS 3:16-17, NTV

La verdad es que debemos vivir nuestras vidas de tal manera que el mismo Jesucristo pueda entrar en nuestros hogares en cualquier momento y nosotros podamos recibirle sin vergüenza alguna.
La Biblia dice que Cristo debe poder asentarse y sentirse en casa en nuestros corazones. Ese es el cuadro que Pablo le pintó a la iglesia de Éfeso, cuando mencionó su preocupación por ellos. De hecho les dijo: «Pido que Cristo se sienta más y más en casa en sus corazones». Esto no solo se refiere a que Cristo esté presente en sus corazones; la realidad es que Él ya vive en el corazón de cada creyente. El punto al que Pablo hacía referencia era que Cristo debería sentirse en casa en sus corazones.

¿Se sentirá Jesús en casa en tu corazón ahora mismo? ¿Se sentirá cómodo ahí? ¿Estará a gusto?

La invitación del Señor a su pueblo

Y amarás a Jehová tu Dios de todo tu corazón,
y de toda tu alma, y con todas tus fuerzas.

DEUTERONOMIO 6:5

Con Dios en oración

Pídele al Señor Jesús que te muestre cualquier actitud o pensamiento en tu corazón que a Él le desagrade o le ofenda. Déjale saber cuánto quieres que Él se sienta en casa en tu corazón.

Muévete más allá de un corazón en el que Cristo no se siente en casa

Identifica los malos pensamientos y actitudes que se deben eliminar para limpiar tu corazón. Confiesa estas cosas y arrepiéntete de ellas. Pídele al Señor que te capacite para hacer esto y hacerlo de lleno.

Tus reflexiones... aplicación a tu vida... tus motivos de oración...

UN TIEMPO PARA SENTARSE

Cuando el Señor anduvo sobre esta tierra, no tuvo un lugar que pudiera llamar su hogar (véase Mateo 8:20). Pero había algo que le gustaba de una casa en Betania donde un hombre llamado Lázaro vivía con sus dos hermanas, María y Marta. Tal vez Marta era una gran cocinera. Quizá eran maravillosos anfitriones.

María y Marta eran muy diferentes la una de la otra. María era una persona quieta y contempladora. Marta era una mujer enérgica, del tipo que agarraba el toro por los cuernos.

Un día Jesús vino a su casa. Marta pensó que sería una buena idea prepararle una comida. Entró a la cocina y comenzó a trabajar. Mientras tanto, María pensó que sería una gran oportunidad de sentarse a los pies de Jesús y oír lo que Él tenía que decir.

> Tú eres quien ama a su pueblo; todos los **santos** están en tu mano. Por eso siguen tus pasos y de ti **reciben** instrucción.
> DEUTERONOMIO 33:3, NVI

Mientras María estaba sentada ahí, Marta estaba trabajando como loca en la cocina: «Se preocupaba con muchos quehaceres» (Lucas 10:40). Y se sentía molesta porque María no la ayudaba.

Al fin no pudo contenerse más. Salió de la cocina, miró a María y a Jesús y dijo: «Señor, ¿no te da cuidado que mi hermana me deje servir sola? Dile, pues, que me ayude» (v. 40).

Jesús respondió: «Marta, Marta, afanada y turbada estás con muchas cosas. Pero solo una cosa es necesaria; y María ha escogido la buena parte, la cual no le será quitada» (vv. 41-42).

A veces hacemos lo mismo que Marta. Nos agotamos. Como Marta, a veces ofrecemos actividad en vez de adoración, labor en vez de loor, y transpiración en vez de inspiración. Hay un tiempo para sentarse, y hay un tiempo para moverse.

La invitación del Señor a su pueblo

Inclínate a él, porque él es tu Señor.

SALMO 45:11

Con Dios en oración

En este momento, ofrécele al Señor tu adoración y loor.

Muévete más allá de las actividades que sofocan la adoración

¿Estás separando suficiente tiempo para sentarte a los pies de Jesús cada día? Si no, ¿qué cambios específicos debes hacer en tu agenda?

Tus reflexiones... aplicación a tu vida... tus motivos de oración...

EN EL TIEMPO DE ÉL

Marta y María eran amigas cercanas de Jesús, al igual que su hermano Lázaro. De tal modo que, cuando se enferma Lázaro, leemos en Juan 11 que Marta y María enseguida mandan a avisar a Jesús.

Era una enfermedad seria. Sin duda pensaban que el Señor dejaría lo que estuviera haciendo y se iría derecho a Betania a levantar a Lázaro de su lecho de enfermo. Así que le esperaron con expectativa.

Mientras tanto, María y Marta sin duda se decían: «Jesús vendrá. En cualquier momento estará aquí».

Pero no se apareció el día que ellas querían que llegara.

Y no llegó al día siguiente ni el día después de ese.

Lázaro ahora había pasado de la enfermedad a la muerte. En sus mentes ya no había esperanza alguna. Para cuando llegó Jesús a Betania, Lázaro había estado en la tumba ya cuatro días. Las dos hermanas no sabían que Jesús había retrasado su llegada a propósito.

> Lázaro ha **muerto**.
>
> JESÚS, EN JUAN 11:14

Marta se le acercó y le dijo: «Señor, si hubieses estado aquí, mi hermano no habría muerto» (v. 21). Paráfrasis libre: «Jesús, metiste la pata. Tenías la situación perfecta aquí. Lo podías haber sanado, pero no te apareciste».

Jesús de inmediato pasó al asunto principal. Le dijo: «Tu hermano resucitará» (v. 23).

Marta contestó: «Yo sé que resucitará en la resurrección, en el día postrero» (v. 24).

Jesús dijo: «Yo soy la resurrección y la vida; el que cree en mí, aunque esté muerto, vivirá. Y todo aquel que vive y cree en mí, no morirá eternamente. ¿Crees esto?» (vv. 25-26).

Marta todavía no lo entendía bien. Eso era porque tenía la mente en lo que era bueno por el momento. Pero Jesús pensaba en lo que era bueno por la eternidad.

María y Marta pronto se darían cuenta que la demora de Jesús había sido por su bien. Ellas descubrirían esta lección de la forma más maravillosa imaginable.

La invitación del Señor a su pueblo

Fíate de Jehová de todo tu corazón, y no
te apoyes en tu propia prudencia.

PROVERBIOS 3:5

Con Dios en oración

¿Han estado limitados tu corazón y tu mente en cuanto a lo que confías y esperas que Dios haga en tu vida? Confiésale esto a Él.

Muévete más allá de la miopía espiritual

Dile a Dios tu verdadero deseo de confiar y esperar en su obra en vida, ahora y por siempre.

Tus reflexiones... aplicación a tu vida... tus motivos de oración...

Miércoles

CUANDO DIOS PARECE LLEGAR TARDE

A veces Dios no responde con la rapidez que nosotros quisiéramos. Esa fue la situación a la que se enfrentaron María y Marta cuando su hermano Lázaro murió. No fue hasta después de cuatro días que Jesús por fin llegó. Pero esta demora fue por su propio bien. Este era el problema: María y Marta solo querían una cura. Pero Jesús quería una resurrección.

Poco después de llegar a Betania, Jesús pidió que abrieran la tumba. Entonces Jesús llamó a Lázaro a gran voz... ¡y el hermano de María y Marta salió caminando de la tumba! Jesús resucitó a Lázaro y, como resultado, muchos creyeron en Jesús. La fe de María y Marta se fortaleció, así como la de los discípulos.

¡Lázaro, **ven fuera**!

JESÚS, EN JUAN 11:43

A veces limitamos a Dios. A veces pensamos que Dios tiene que seguir nuestras agendas. Pero Dios no se sujetará al tiempo. Dios no se sujetará a nuestras agendas. Dios obrará cuando Él quiera y con quien Él quiera. Por lo tanto, habrá momentos en que nuestras circunstancias no tendrán sentido. Aun en esos momentos tenemos que confiar en Él.

Igual que María y Marta, con frecuencia decimos: *Dios, si me amaras, me resolverías este problema. Suplirías esta necesidad.* Pero Dios dice: *No lo haré en este momento porque te amo; tengo algo mejor para ti.*

Dios quiere hacer algo más grande en tu vida. ¿Se lo permitirás?

La invitación del Señor a su pueblo

*Clama a mí, y yo te responderé, y te enseñaré
cosas grandes y ocultas que tú no conoces.*

JEREMÍAS 33:3

Con Dios en oración

Para ministrar a otros en el nombre de Jesús, pídele a Él que haga
algo más grande en tu vida que lo que tú puedas imaginar.

Muévete más allá de limitar a Dios

¿Te sientes desilusionado con Dios debido al tiempo que Él escoge
para hacer lo que solo Él puede hacer? Si es así, piensa en las
lecciones que Él quiere que aprendas. Habla con Él en cuanto a
esto.

Tus reflexiones... aplicación a tu vida... tus motivos de oración...

APRENDE A CEDER

Leí una historia sobre una comunicación que tuvo lugar hace un tiempo entre una nave de la marina norteamericana y las autoridades canadienses cerca de la costa de Terranova. Los canadienses les advirtieron a los americanos:

—Por favor, alteren su rumbo quince grados hacia el sur para evitar una colisión.

—Recomendamos que ustedes desvíen su rumbo quince grados hacia el norte para evitar una colisión —respondieron los americanos.

—Negativo —dijeron los canadienses—. Tendrán que variar su rumbo quince grados hacia el sur para evitar una colisión.

Los americanos contestaron:

—Este es el capitán de una nave de la marina norteamericana. De nuevo les digo, cambien el rumbo.

—No. De nuevo les digo, cambien el rumbo ustedes.

—Este es el portaaviones USS *Lincoln*, la segunda nave más grande de la flota atlántica de los EE.UU. Nos acompañan tres destructores, tres cruceros y numerosos buques de apoyo. Exijo que cambien su rumbo quince grados al norte. De nuevo les digo, cambien su rumbo quince grados hacia el norte o tomaremos medidas para garantizar la seguridad de nuestras naves.

Después de un breve silencio, los canadienses respondieron:

—Esto es un faro. Allá ustedes.

La ciencia del **prudente** está en entender sus caminos.

PROVERBIOS 14:8

A veces no nos gusta lo que Dios quiere que hagamos, y queremos que Él cambie de rumbo, cuando en realidad nosotros somos los que debemos cambiar.

Debemos entender que los planes de Dios son mejores que los nuestros. Eso no significa que siempre sean los planes más fáciles para nosotros o aun los más atractivos en ese momento. Al pasar por la vida, habrá momentos en los que quizá no nos guste el plan de Dios. Pero a la larga, los planes de Dios para nosotros siempre son los mejores.

La invitación del Señor a su pueblo

Dedicarán el resto de su vida a hacer lo que Dios quiere.

1 PEDRO 4:2, TLA

Con Dios en oración

Pídele que te dé una mayor claridad para entender su voluntad para tu vida en cada área.

Muévete más allá de no apreciar la sabiduría de Dios

¿En qué área o áreas de tu vida sientes que Dios está tratando de cambiar tu rumbo? ¿Qué pasos debes dar para cambiar?

Tus reflexiones... aplicación a tu vida... tus motivos de oración...

UN COMPROMISO
A MEDIAS

Dios le dijo a Abraham (que se llamaba al principio Abram): «Vete de tu tierra y de tu parentela, y de la casa de tu padre, a la tierra que te mostraré» (Génesis 12:1).

Abraham obedeció, pero no del todo. En vez de dejar atrás a toda su familia, llevó con él a su sobrino Lot, el hijo de su hermano: «Y salieron para ir a tierra de Canaán; y a tierra de Canaán llegaron» (Génesis 12:5).

Cuando lees sobre Abraham y su sobrino Lot en Génesis, a primera vista pensarías que ambos eran hombres espirituales. Pero una reexaminación más cuidadosa revela que ese no era el caso.

Abraham vivía para Dios; Lot, por otra parte, vivía para sí mismo. Abraham andaba en el Espíritu; Lot andaba en la carne. Abraham vivía por fe; Lot vivía por vista. Y sobre todo, Abraham caminaba con Dios, mientras que Lot caminaba con Abraham.

Es de lamentar, pero, debido al compromiso a medias de Lot con el Señor, él llegaría a ser un drenaje para Abraham de muchas maneras, incluso en lo espiritual.

> Veo que tus acciones no cumplen con
> los **requisitos** de mi Dios.
> JESÚS, EN APOCALIPSIS 3:2, NTV

Es triste, pero los descendientes de Abraham cosecharían los resultados de la elección imperfecta de Abraham por los siglos venideros. Lot con el tiempo tomó posesión de la tierra adyacente a la zona donde Abraham se estableció. Ahí Lot fue padre de un hijo llamado Moab y otro llamado Ben-ammi. Sus descendientes, los moabitas y los amonitas, llegarían a ser enemigos de los descendientes de Abraham, la nación de Israel.

¿Te han desgastado las influencias impías en los últimos tiempos? ¿Hay una cierta relación o búsqueda que se ha convertido en un drenaje espiritual en tu vida? ¿Has estado haciendo componendas?

Si es así, haz un cambio. No es muy tarde.

La invitación del Señor a su pueblo

¡Pónganse en marcha, salgan de allí! ¡Salgan de en medio de ella, purifíquense! ¡No toquen nada impuro!

Isaías 52:11, NVI

Con Dios en oración

Pídele que te muestre áreas en las que estás recortando los bordes en su obediencia a Él. Exprésale tu deseo de servirle y obedecerle de todo corazón.

Muévete más allá de un compromiso a medias

¿Qué nuevos pasos de acción debes dar hoy en fe y con un compromiso incondicional con el Señor tu Dios?

Tus reflexiones... aplicación a tu vida... tus motivos de oración...

CONTRA TODA POSIBILIDAD

Josafat, rey de Judá, se enfrentaba a un dilema. Sus enemigos lo superaban mucho en número y venían a destruirlo. Un mensajero llegó y le advirtió a Josafat del enorme ejército que se dirigía hacia Jerusalén, decidido a destruir a Judá.

Su situación era irremediable. No había manera que el rey pudiera repulsar con éxito a esta fuerza invasora con las fuerzas que tenía disponibles. Su reino sería destruido.

> Al Señor busqué en el día de mi **angustia**.
>
> SALMO 77:2

¿Qué hizo Josafat? La Biblia nos dice que «humilló su rostro para consultar a Jehová» (2 Crónicas 20:3). Oró con estas palabras:

> ¡Oh Dios nuestro!... En nosotros no hay fuerza contra tan grande multitud que viene contra nosotros; no sabemos qué hacer, y a ti volvemos nuestros ojos.
>
> 2 CRÓNICAS 20:12

Y llegó la respuesta de Dios:

> Jehová os dice así: No temáis ni os amedrentéis delante de esta multitud tan grande, porque no es

> vuestra la guerra, sino de Dios [...] Paraos, estad
> quietos, y ved la salvación de Jehová con vosotros.
>
> VV. 15, 17

Josafat y su ejército salieron a enfrentar sus enemigos, pero pusieron al equipo de adoración al frente. La Biblia dice que cuando comenzaron a cantar y alabar al Señor, el enemigo comenzó a pelear entre sí y terminó por destruirse.

Quizá tú estés enfrentando en estos momentos lo que parece ser una situación imposible. No ves una salida. Pero Dios la ve.

Invócale. Después quédate quieto a ver lo que Él hará.

La invitación del Señor a su pueblo

> E invócame en el día de la angustia;
> te libraré, y tú me honrarás.
>
> SALMO 50:15

Con Dios en oración

Dedícate a buscar al Señor. No importa cuán difícil sea la situación que enfrentes, dale prioridad a la adoración.

Muévete más allá de tu situación imposible

Asegúrate de que estés buscando la ayuda de Dios de lleno y con constancia, incluso al llevar a cabo con fidelidad las responsabilidades que sabes que son suyas.

Tus reflexiones... aplicación a tu vida... tus motivos de oración...

¡SIGUE ADELANTE!

Es obvio que estamos viviendo en los días postreros. Todo a nuestro alrededor, las señales que Jesús y los profetas nos dijeron que debemos esperar están ocurriendo delante de nuestros ojos.

El diablo y sus demonios están haciendo sus últimos trabajos sucios, pero esto no nos debe sorprender. La Biblia nos advierte que en estos últimos días las cosas irán de mal en peor.

Una de las señales será la apostasía, un abandono de la fe de parte de aquellos que se han llamado cristianos. Se apartarán y escucharán a espíritus engañadores y a doctrinas de demonios.

¿Pudiéramos nosotros llegar a ser una de estas víctimas espirituales? ¿Pudiéramos nosotros apartarnos del Señor? Sin duda, el potencial e incluso la propensión a ese pecado están dentro de cada uno de nosotros. Tengo el potencial de caer. Y tú también.

> Pero el Espíritu dice **claramente** que en los postreros tiempos algunos apostatarán de la fe, escuchando a espíritus **engañadores** y a doctrinas de **demonios**.
>
> 1 TIMOTEO 4:1

Es por eso que debemos poner mucha atención a las advertencias de las Escrituras sobre las posibles trampas. Hay cosas por las cuales debemos velar, ya que vivimos en estos últimos días. Como escribió el apóstol Pablo:

> La noche está avanzada, y se acerca el día. Desechemos, pues, las obras de las tinieblas, y vistámonos las armas de la luz.
>
> ROMANOS 13:12

Tu relación con Jesucristo necesita mantenimiento y cultivo constantes. El día en que dejes de crecer en lo espiritual será el día en que comenzarás a volverte débil y vulnerable a los ataques del diablo. La mejor manera de no retroceder es seguir adelante.

La invitación del Señor a su pueblo

¿No deberían vivir ustedes como Dios manda, siguiendo una conducta intachable y esperando ansiosamente la venida del día de Dios?

2 PEDRO 3:11-12, NVI

Con Dios en oración

Pídele que te guarde y proteja de volverte una víctima espiritual. Exprésale al Señor tu plena confianza en Él para la seguridad espiritual.

Muévete más allá de la falta de crecimiento espiritual

¿Con cuánta diligencia prestas atención a mantener y cultivar tu relación con Jesucristo? ¿Qué cuidado adicional debes prestar?

Tus reflexiones... aplicación a tu vida... tus motivos de oración...

EL MAESTRO INCENDIARIO

Un año en el que los incendios incontrolados se extendieron por partes del sur de California, me fijé en un fotografía en el periódico de un barrio completo arrasado por el fuego. Solo quedaban los cimientos de las casas. Pero en medio de todos los quemados y carbonizados escombros había una casa que había quedado completamente intacta, sin que la afectara ni siquiera el humo. Esta casa blanca y reluciente se resaltaba por su agudo contraste con toda la ruina que la rodeaba.

Cuando se le preguntó al dueño por qué su casa había quedado intacta cuando las demás habían caído, explicó cómo había hecho todo lo posible para hacer su casa incombustible. Esto incluía ventanas con vidrios dobles, paredes gruesas de estuco, tabiques bien sellados, tejas de concreto y una abundancia de aislamiento. Al ver esto, los bomberos escogieron este sitio para luchar contra el fuego. Este hombre hizo un gran esfuerzo, y como resultado, su casa sobrevivió.

Hoy nuestra cultura es devastada por los incendios incontrolados de la inmoralidad. Satanás, un maestro incendiario, está dedicado a causar conflagraciones masivas. Destruyen familias y arrasan relaciones. Y si no somos cuidadosos, podríamos ser sus próximas víctimas.

Pero en vista de tanta **inmoralidad**...

1 CORINTIOS 7:2, NVI

El autor de Proverbios preguntó: «¿Tomará el hombre fuego en su seno sin que sus vestidos ardan?» (6:27). Claro que no. El fuego puede comenzar a arder sin control con mucha facilidad.

Si nosotros como creyentes permitimos que la tentación infiltre nuestras vidas y que nuestra naturaleza pecaminosa prevalezca, podemos caer con la misma facilidad que el fuego se extiende si uno le echa gasolina. Pero si damos pasos prácticos para protegernos y nos mantenemos cerca del Señor, no caeremos.

Hagamos el esfuerzo para proteger nuestros hogares y nuestras vidas contra los incendios incontrolados de la inmoralidad.

La invitación del Señor a su pueblo

Pues la voluntad de Dios es vuestra santificación;
que os apartéis de fornicación.

1 TESALONICENSES 4:3

Con Dios en oración

Pídele que abra tus ojos para entender el pleno peligro de las tentaciones que es muy probable que puedan seducirte.

Muévete más allá del alto riesgo de la inmoralidad

¿Cuáles tentaciones peligrosas se tratan de entrometer en tu vida? ¿Qué pasos debes dar para huir y evitar tales tentaciones? ¿Qué puedes hacer para dar el mayor esfuerzo y protegerte a ti y a tus hijos?

Tus reflexiones... aplicación a tu vida... tus motivos de oración...

PRESA FÁCIL

No hay que ir más allá de los Salmos para ver la intimidad de las relaciones de David con Dios. Es muy obvio que David amaba a Dios de una manera muy afectuosa y tierna. Sin embargo sabemos que cayó en pecado.

Si fueras a preguntarle a un grupo de cristianos lo que más recuerdan de la vida de David, es casi seguro que oirás el nombre de Goliat. Es probable que se mencione también otro nombre: Betsabé.

Goliat y Betsabé representan la victoria y la derrota más grandes de David. Satanás no pudo derrotar a David en el campo de batalla, así que lo venció en su alcoba. Una tarde, David puso los ojos en Betsabé y muy pronto cometió adulterio con ella.

> Porque no **tenemos lucha** contra sangre y carne, sino contra principados, **contra** potestades, contra los gobernadores de las tinieblas de este siglo, contra huestes **espirituales** de maldad en las regiones celestes.
>
> EFESIOS 6:12

En ese momento particular de la vida de David, no leemos que él estuviera dedicado a adorar al Señor. David se había alejado de la intimidad con su Dios, y por lo tanto era más vulnerable. Bajó la guardia, y en el momento que lo hizo, se convirtió en un blanco fácil para el diablo.

Con el tiempo confesó este pecado y recibió perdón. Pero también cosechó lo que había sembrado. Los pecados que cometió repercutieron en las vidas de sus propios hijos.

El diablo sigue a la búsqueda de blancos fáciles. Él sabe que es más fácil darle a algo estacionario que algo que está en movimiento.

Los que avanzan en Cristo, que crecen en su amor por el Señor, no son tan fáciles de golpear como la persona que ha empezado a soltarse del Señor. Esa es la persona en la que el diablo fijará la mirada. Esa es la persona que se convertirá en su próxima víctima.

La invitación del Señor a su pueblo

Sed sobrios, y velad; porque vuestro adversario el diablo, como león rugiente, anda alrededor buscando a quien devorar.

1 PEDRO 5:8

Con Dios en oración

Separa un tiempo para evaluar bien tu corazón y vida delante del Señor. ¿De qué manera te has apartado de la intimidad con Él y la plena dependencia de Él?

Muévete más allá de ser un blanco fácil para el diablo

¿De qué manera te has soltado del Señor? ¿Qué debes hacer ahora mismo para aferrarte de Él?

Tus reflexiones... aplicación a tu vida... tus motivos de oración...

¿QUÉ TIENES EN MENTE?

A veces las personas me piden que les firme su Biblia, algo que no me gusta hacer porque yo no la escribí. Pero cuando alguien insiste, casi siempre escribo lo siguiente en su Biblia: «El pecado le separará de este libro, y este libro le separará del pecado».

> Si vosotros **permaneciereis** en mi palabra...
> conoceréis la verdad, y la **verdad** os hará libres.
> JESÚS, EN JUAN 8:31-32

He hallado que el pecado siempre nos alejará de la Biblia porque el diablo quiere alejarnos de la Palabra de Dios. A él no le importa que tú leas revistas. No le importa que veas la televisión. No le importa si lees la más reciente novela de la lista de los éxitos de librería. No le importa que veas películas. Pero en el momento que tú recojas la Biblia y la abras, será mejor creer que él tratará de distraerte con todo lo que tiene. No quiere que tú la leas.

Por otra parte, si tú sigues lo que la Biblia dice, te separará del pecado. Por eso necesitamos conocer la Biblia. Por eso es que debemos estudiarla.

Aunque es una gran idea llevar una Biblia en tu maletín, bolsillo o cartera, el mejor lugar para llevarla es en el corazón. Conócela bien. Llena las capacidades de memoria que Dios te ha dado con las Escrituras, porque el diablo te atacará en la esfera de tu mente. La mejor defensa es una mente llena de la Palabra de Dios.

La invitación del Señor a su pueblo

Grábense estas palabras en el corazón y en la mente;
átenlas en sus manos como un signo, y llévenlas en
su frente como una marca. Enséñenselas a sus hijos y
repítanselas cuando estén en su casa y cuando anden por
el camino, cuando se acuesten y cuando se levanten.

DEUTERONOMIO 11:18-19, NVI

Con Dios en oración

Habla con Él acerca de lo que significa para ti permanecer en su
Palabra.

Muévete más allá de no estar lleno de la Palabra de Dios

¿Qué pasos debes dar para aumentar tu consumo de la Palabra de
Dios y la interacción de tu corazón con ella?

Tus reflexiones... aplicación a tu vida... tus motivos de oración...

HACERLE UNA REMODELACIÓN A DIOS

A primera vista, los pecados que derrotaron a los israelitas en el desierto no parecen tener una explicación lógica. Pero una reexaminación más a fondo revela que la raíz del problema era una falta de buenas relaciones con el Dios verdadero y viviente.

Cuando Moisés estuvo fuera de la escena por un tiempo cuando fue a reunirse con Dios en el monte Sinaí, el pueblo quiso algo para ocupar su lugar. Solo fue una cuestión de tiempo antes de que estuvieran postrados ante un becerro de oro.

Al pensarlo bien, Moisés fue el primer ídolo, y el becerro de oro el segundo. Moisés era como Dios para ellos, de tal modo que cuando Moisés se fue, crearon un dios de su propia hechura.

> Y miré, y **he aquí** habíais pecado contra Jehová vuestro Dios; os habíais hecho un becerro de fundición, **apartándoos** pronto del **camino** que Jehová os había mandado.
>
> DEUTERONOMIO 9:16

Hacemos lo mismo cuando empezamos a rehacer a Dios a nuestra propia imagen. Cuando remodelamos a Dios al estilo del siglo veintiuno, cuando lo hacemos para quedar bien con todos, cuando empezamos a cambiar su Palabra para ajustarla a la moralidad pervertida de nuestros tiempos, caemos en la idolatría. Remodelamos a Dios porque no nos sentimos cómodos con lo que Él dice. No nos gustan sus normas.

Tratamos de rehacer a Dios a nuestra imagen para poder vivir de la manera que nos gusta y hacer lo que nos agrada. Queremos un bufé celestial de entremeses donde podamos pasearnos de manera despreocupada y escoger los atributos de Dios que más nos gusten, y dejar atrás los demás.

Moldear a Dios y su Palabra a nuestra imagen es un acto de idolatría tanto como la adoración de los israelitas al becerro de oro.

La invitación del Señor a su pueblo

Ni seáis idólatras.

1 Corintios 10:7

Con Dios en oración

Adórale y alábale por su santidad. Hazle saber una vez más que Él merece tu devoción total.

Muévete más allá de rehacer a Dios a nuestra imagen

¿De qué maneras te sientes tentado a reinventar o transformar a Dios para ajustarlo a lo que tú quieres que Él sea, en vez de adorarle y servirle por quien Él es en realidad?

Tus reflexiones... aplicación a tu vida... tus motivos de oración...

LA PREGUNTA PELIGROSA

La Biblia nos dice: «No tentaréis a Jehová vuestro Dios» (Deuteronomio 6:16). ¿Qué significa tentar a Dios?

Es la mentalidad que hace la pregunta: *Como cristiano, ¿cuánto puedo pecar y seguir siendo salvo? Hasta qué punto puedo llegar y seguir siendo un hijo de Dios?* En otras palabras, *¿Cuán cerca puedo llegar del borde del precipicio sin caerme?* Esa es una pregunta peligrosa.

La iglesia de Corinto había desarrollado un problema similar. Estaba ubicada en una ciudad cosmopolita, con visitantes que llegaban de todas partes del mundo. La ciudad de Corinto estaba atrincherada en el pecado. Algunos de los creyentes de allí pensaban que podían cometer ciertos pecados y seguir siendo aceptables a Dios. Pablo tuvo que aclarar las cosas.

Les escribió: «Todo me es lícito, pero no todo conviene; todo me es lícito, pero no todo edifica» (1 Corintios 10:23).

> Ni **tentemos** al Señor, como también algunos de ellos le tentaron, y **perecieron** por las serpientes.
>
> 1 CORINTIOS 10:9

No traspasemos los límites para ver hasta dónde podemos llegar. Vayamos en la dirección opuesta. Más bien preguntemos: *¿Con cuánta mayor profundidad puedo conocer a Aquel que murió por mí y me perdonó y ha hecho tanto por mí? ¿Cómo hago un impacto en mi mundo para Él?*

No demos por sentado todo lo que Dios ha hecho por nosotros en nuestras vidas. Que nunca veamos hasta dónde podemos llegar y seamos culpables de tentar al Señor. Más bien, permanezcamos lo más cerca que podamos de Él.

La invitación del Señor a su pueblo

Y todo lo que hacéis, sea de palabra o de hecho,
hacedlo todo en el nombre del Señor Jesús,
dando gracias a Dios Padre por medio de él.

COLOSENSES 3:17

Con Dios en oración

Que esta sea tu petición: «Señor, muéstrame cómo puedo
conocerte más a fondo. Enséñame cómo puedo ser más como Tú.
Muéstrame cómo hacer un impacto en mi mundo para ti».

Muévete más allá de dar por sentado que cuentas con la gracia de Dios

¿Qué tiene mayor influencia en tu vida: Cristo o el pecado?

Tus reflexiones... aplicación a tu vida... tus motivos de oración...

OBEDIENCIA CONDICIONAL

Mi perro practica la escucha selectiva. Cuando no le gusta lo que estoy diciendo, se hace el que no me entiende. Si está en mi cuarto a la hora de dormir y le digo que se vaya, me mira como diciendo: «¿Qué?». Es como si no pudiera oír.

Por otro lado, puede estar dormido en alguna parte de la casa, y si yo bajo, abro el aparador y saco su traílla, de repente tiene un oído supersónico. Está ahí mismo a mi lado.

Cuando le gusta lo que quiero que él haga, mi perro me oye y obedece. Pero cuando no le gusta lo que yo quiero que él haga, mi perro no me oye ni me obedece.

Podemos ser iguales con Dios. Cuando Dios nos dice que hagamos algo que nos gusta, contestamos: «¡Sí, Señor!». Cuando nos dice que dejemos de hacer algo, respondemos: «Dios, creo que la llamada se escucha entrecortada. No te oigo muy bien».

> Y no **oyeron** ni inclinaron su oído; antes caminaron en sus propios consejos, en la dureza de su **corazón** malvado, y fueron hacia **atrás** y no hacia delante.
>
> JEREMÍAS 7:24

Jesús dijo: «Ustedes son mis amigos si hacen lo que yo les mando» (Juan 15:14, NVI). No dijo: «Ustedes son mis amigos si hacen las cosas con las que estén de acuerdo». Dios nos ha dicho en su Palabra cómo debemos vivir. No nos toca escoger las secciones de la Biblia que nos gustan y lanzar a un lado las demás.

Si Dios te dice que hagas algo, lo dice por una buena razón, y debes obedecerle. Si Dios te dice que no hagas algo, también lo dice por una buena razón. Aun si no lo entiendes, obedece.

La invitación del Señor a su pueblo

Escucha... y esfuérzate en obedecer. Así te irá bien.

DEUTERONOMIO 6:3, NVI

Con Dios en oración

Dale gracia al Señor Jesús por la amistad que tenemos con Él en la medida en que le obedecemos plenamente.

Muévete más allá de la desobediencia

¿Qué te ha dicho Dios que hagas que te resistes a hacer? Sea lo que sea, obedece ahora.

Tus reflexiones... aplicación a tu vida... tus motivos de oración...

¿QUÉ HAY EN EL INTERIOR?

Oí la historia de un pastor que se subió a un ómnibus un lunes por la mañana, pagó la tarifa de viaje y tomó su asiento. Unos pocos minutos después, se dio cuenta que el conductor del ómnibus le había dado cambio en exceso. Algunas personas se lo hubieran echado en el bolsillo y hubieran dicho: *Señor, gracias por tu provisión.* Pero este pastor sabía que eso estaba mal. En la siguiente parada, caminó hacia el frente del ómnibus y le dijo al conductor: «Con permiso, señor; me dio demasiado cambio y quería devolvérselo, porque es obvio que usted se equivocó».

El conductor dijo: «Pastor, no me equivoqué. Visité su iglesia anoche y le oí predicar sobre la honestidad. Quería ver si usted practica lo que predica». Gracias a Dios lo practicaba.

Las personas te están observando como cristiano. Están escrutando cada uno de tus movimientos. Debes saber que no esperan que seas un testigo piadoso; esperan que fracases para tener algo sobre lo cual justificar sus dudas e incredulidad.

> Mi justicia tengo **asida**, y no la cederé; no me **reprochará** mi corazón en todos mis días.
>
> JOB 27:6

El humorista Will Rogers dijo que debemos vivir de tal manera que no nos importe vender nuestra cotorra domesticada al chismoso del pueblo. Esa es la idea de la integridad; no tener nada en nuestra vida de qué avergonzarnos. Esta integridad personal es algo que desarrollamos a diario con cada pensamiento y cada acción. Estamos edificando o derrumbando nuestro carácter.

¿Qué clase de carácter tienes? ¿Quién eres en privado? Para todos los efectos prácticos, ese eres tú en verdad.

La invitación del Señor a su pueblo

[Sígueme] con integridad y rectitud de corazón.

1 REYES 9:4, NVI

Con Dios en oración

Dale gracias a Dios por cuán a fondo ve quien en verdad tú eres, aun las cosas que tal vez quieras ocultar de los demás.

Muévete más allá de la falta de integridad

¿Cómo describirías la clase de persona que eres en privado, cuando estás solo? ¿Cuál es tu carácter verdadero? ¿Qué haces para fortalecer tu carácter?

Tus reflexiones... aplicación a tu vida... tus motivos de oración...

EL CAMPO DE BATALLA ESPIRITUAL

Alguien le preguntó en una ocasión al gran evangelista Charles Finney: «¿Cree usted de veras en un diablo literal?». Finney respondió: «Trate de oponérsele por un tiempo y verá si es literal o no».

Si quieres saber si de veras existe un diablo, comienza a caminar con Jesucristo y trata de vivir de lleno en la voluntad de Dios. Descubrirás cuán real es Satanás.

Creo que muchas personas, después de decidir seguir a Cristo, se sorprenden al descubrir que la vida cristiana no es un campo de juego sino un campo de batalla. No es una vida de comodidad, sino una de conflicto, guerra y oposición.

La pregunta que enfrentamos es sencilla: En el campo de batalla espiritual, ¿seremos victoriosos o víctimas?

> En el mundo tendréis aflicción; pero **confiad**, yo he **vencido** al mundo.
>
> JESÚS, EN JUAN 16:33

Se ha dicho que uno puede saber mucho sobre un hombre si sabe quiénes son sus enemigos. Lo mismo se nos aplica a nosotros. Ya no somos enemigos de Dios, pero ahora tenemos un nuevo y poderoso adversario, y la Biblia lo describe como el diablo. Al diablo, por supuesto, no le gusta el hecho de que haya perdido uno de los suyos. Está enojado porque tú rendiste tu vida a Jesucristo. Ahora te has convertido en una amenaza en potencia para su reino.

Mientras más cerca estás del Señor, más seguro estarás, porque estarás firme sobre la obra de Jesús en la cruz. No trates de enfrentarte al diablo con tus propias habilidades, porque él puede masticarte y escupirte. Pero si estás firme en el Señor y en su poder, y si te mantienes lo más cerca posible de Él, estarás seguro.

La invitación del Señor a su pueblo

Así que, el que piensa estar firme, mire que no caiga.

1 CORINTIOS 10:12

Con Dios en oración

Dale gracias en especial por su triunfante poder sobre nuestro enemigo el diablo.

Muévete más allá de ser la víctima más probable del diablo

¿Cómo puedes permanecer cerca de Dios hoy y disfrutar de su seguridad?

Tus reflexiones... aplicación a tu vida... tus motivos de oración...

PODER CON UN PROPÓSITO

¿Qué te viene a la mente cuando oyes la palabra *dinamita*? Yo pienso de forma automática en algo explosivo. Y cuando se describe algo como dinámico, se que es algo fuera de lo común o especial, algo que se destaca.

Jesús les dijo a sus discípulos que recibirían poder cuando el Espíritu Santo viniera sobre ellos. La palabra que Jesús usó para poder es la palabra griega *dunamis*, la misma palabra de la que vienen nuestras palabras dinamita y dinámico.

> Pero recibiréis **poder**, cuando haya venido sobre vosotros el Espíritu Santo, y me seréis **testigos** en Jerusalén, en toda Judea, en Samaria, y hasta lo **último** de la tierra.
>
> JESÚS, EN HECHOS 1:8

El poder es emocionante si se usa para algo productivo. ¿Has visto alguna vez una manguera de bomberos abierta y suelta? Puede tumbar a las personas. Puede ser muy destructiva. Pero si la agarras y la apuntas en la dirección correcta, puedes hacer mucho bien.

De la misma manera, Dios nos ha dado el poder del Espíritu Santo con un propósito. El poder de Dios es práctico. No nos dio el Espíritu Santo para que nos comportáramos de una manera extraña. Nos dio el Espíritu Santo para que pudiéramos ser sus testigos, esparcir nuestra fe con eficacia. Es poder con un propósito.

Cuando el Espíritu Santo vino sobre aquellos creyentes del primer siglo en el Día de Pentecostés, la Biblia dice que como tres mil personas se comprometieron con Jesucristo (véase Hechos 2:41). Pedro hizo una importante declaración sobre el Espíritu Santo en esa ocasión. Dijo que el poder que habían recibido estaba disponible, no solo para ellos, sino para generaciones futuras de creyentes: «Para vosotros es la promesa, y para vuestros hijos, y para todos los que están lejos» (Hechos 2:39).

Esto significa que el mismo poder que cambió el mundo de ellos está disponible para nosotros para cambiar el nuestro.

La invitación del Señor a su pueblo

No con ejército, ni con fuerza, sino con mi Espíritu, ha dicho Jehová de los ejércitos.

ZACARÍAS 4:6

Con Dios en oración

Alábale por su poder y dale gracias por ponerlo a nuestra disposición por medio del Espíritu Santo.

Muévete más allá de una falta de poder

En el poder del Espíritu Santo de Dios, ¿cuáles deben ser tus palabras y acciones en tu mundo como un testigo de Jesucristo?

Tus reflexiones... aplicación a tu vida... tus motivos de oración...

SEMBRAR Y COSECHAR

Un contratista de éxito llamó a uno de sus empleados, un carpintero experto, y le dijo que lo iba a poner al frente de la próxima casa que la compañía iba a construir. Le dio instrucciones al carpintero para que ordenara todos los materiales y que supervisara todo el proceso partiendo de cero.

El carpintero aceptó con entusiasmo su tarea. Era su primera oportunidad de supervisar de verdad todo un proyecto de construcción. Estudió los diseños y verificó cada medida. Entonces pensó: *¿Si de veras estoy a cargo de esto, por qué no redondeo un poco los bordes, uso materiales menos costosos y me meto el dinero que sobre en el bolsillo? ¿Quién sabrá la diferencia? Después de pintar el lugar, nadie podrá descubrirlo.*

El carpintero comenzó su proyecto. Usó madera de calidad inferior y ordenó concreto barato para el cimiento. Instaló cableados de mala calidad. Redondeó todos los bordes que pudo, pero reportó el uso de materiales de calidad superior en la construcción.

> Porque el que siembra para su carne, de la carne **segará** corrupción; mas el que siembra para el Espíritu, del **Espíritu** segará vida eterna.
>
> GÁLATAS 6:8

Cuando se terminó la casa, le pidió a su patrón que viniera a verla. El patrón la inspeccionó de prisa y le dijo: «Has sido un empleado tan bueno y fiel, y has sido tan honesto todos estos años, que voy a mostrarte mi gratitud regalándote esta casa».

Segaremos lo que sembremos. Así como no podemos sembrar maleza y segar flores, no podemos pecar y segar justicia. Hay reacciones a nuestras acciones.

Piénsalo: Cada día sembramos para el Espíritu o sembramos para la carne. ¿Qué tipo de semilla sembrarás hoy?

La invitación del Señor a su pueblo

Sembrad para vosotros en justicia, segad para vosotros en misericordia; haced para vosotros barbecho; porque es el tiempo de buscar a Jehová, hasta que venga y os enseñe justicia.

OSEAS 10:12

Con Dios en oración

Dale gracias por la recompensa que Él te ha prometido en pleno reconocimiento de las cosas que haces en esta vida (véase 2 Corintios 5:10).

Muévete más allá de sembrar maleza

¿Dónde has recortado bordes al llevar a cabo las responsabilidades que Dios te ha dado? ¿Qué correcciones debes hacer con el fin de perseverar en la siembra de semillas de justicia en vez de malezas sin valor?

Tus reflexiones... aplicación a tu vida... tus motivos de oración...

PLACERES TEMPORALES

Hay una historia en la Biblia acerca de un hombre llamado Esaú, que renunció a todo por un poco de placer temporal. Como era el primer hijo, Esaú tenía la primogenitura, lo que significaba que algún día sería el líder espiritual de su familia y estaría en la línea ancestral del Mesías. Pero a Esaú no parecía importarle mucho eso. Un día Jacob su hermano le hizo una oferta: la primogenitura de Esaú por un guisado que Jacob estaba preparando. Eso le pareció una buena oferta en ese momento, porque Esaú tenía hambre.

Luego se dio cuenta de por cuán bajo precio se había vendido. Pero era demasiado tarde.

Esaú apreciaba poco las cosas espirituales, y hay muchas personas que son así hoy. Dios les importa poco, a no ser que estén en un aprieto o se enfrenten a una tragedia. Entonces, de repente y en forma milagrosa, tienen tiempo para Dios. Pero cuando pasa la crisis, vuelven a sus viejos caminos.

> Así es, el que almacena riquezas terrenales pero no es rico en su **relación** con Dios, es un **necio**.
>
> JESÚS, EN LUCAS 12:21, NTV

Jesús habló de un hombre cuya cosecha había producido en abundancia. El hombre decidió derribar sus graneros y construir graneros más grandes para almacenarlo todo. Así podía decirse: «Muchos bienes tienes guardados para muchos años; repósate, come, bebe, regocíjate» (Lucas 12:19). Pero Dios le dijo: «Necio, esta noche vienen a pedirte tu alma; y lo que has provisto, ¿de quién será?» (v. 20).

¿Son para ti las cosas de esta tierra más importantes que tesoros en el cielo? Todo lo que valoras se quedará atrás algún día. Y lo único que importará será lo que te espera en el cielo.

La invitación del Señor a su pueblo

No acumulen para sí tesoros en la tierra, donde la polilla y
el óxido destruyen, y donde los ladrones se meten a robar.
Más bien, acumulen para sí tesoros en el cielo, donde ni la
polilla ni el óxido carcomen, ni los ladrones se meten a robar.

JESÚS, EN MATEO 6:19-20, NVI

Con Dios en oración

Piensa en los tesoros celestiales que son suyos en Cristo Jesús y
dale gracias y alábale por estos.

Muévete más allá de la atadura a las riquezas temporales

¿Cuáles son los tesoros o placeres terrenales que tienen el mayor
valor para ti y que por lo tanto pudieran ser los más difíciles de
entregar a Dios? ¿Cómo crees que se comparan con los tesoros que
son tuyos en el cielo?

Tus reflexiones... aplicación a tu vida... tus motivos de oración...

EL PELIGRO DE LA FALTA DE ORACIÓN

La primera oración de Jacob registrada en la Biblia se encuentra en Génesis 32:9-12. Antes de este punto, siete capítulos de Génesis se han dedicado a la vida de Jacob sin mencionar una oración por su parte.

Ese hecho me hace preguntarme si Jacob oró durante ese tiempo. Es posible, pero la Biblia no hace mención específica de ello. Tal vez fue la falta de oración de Jacob y la falta de dependencia en Dios lo que le hizo sentir que tenía que manipular sus circunstancias, como lo vemos hacer en esos capítulos.

Es encomiable que Jacob al fin se acercara a Dios en Génesis 32, e incluso hay algunas cosas buenas en su oración. Reconoció al Dios de Abraham e Isaac como el verdadero Dios. Confesó su propia indignidad. Llevó su petición ante el Señor. Pero hubiera sido mejor si hubiera dicho: «Señor, ¿y ahora que hago?». En lugar de eso, por lo visto decidió lo que iba a hacer, y luego le pidió a Dios que los bendijera. Jacob quería lo que fuera correcto, pero lo hizo de la manera equivocada.

> Líbrame ahora de la **mano** de mi hermano, de la mano de Esaú, porque le temo; no **venga** acaso y me hiera la madre con los **hijos**.
>
> GÉNESIS 32:11

¿No se parece a nosotros? Hacemos nuestros planes, y entonces le pedimos a Dios que los bendiga. Pero eso no es lo que Dios tenía en mente en cuanto a nuestras oraciones. Más bien debemos orar de esta manera: *Señor, dame sabiduría de tu Palabra y de personas piadosas que me guiarán conforme a la Biblia. Ayúdame a hacer lo que es correcto.*

Dios ayuda a quienes no pueden ayudarse a ellos mismos. Esto es lo que Jacob tenía que entender. Aprendamos a buscar la voluntad de Dios en vez de darle la vuelta.

La invitación del Señor a su pueblo

Vosotros, pues, oraréis así: [...] Hágase tu voluntad,
como en el cielo, así también en la tierra.

JESÚS, EN MATEO 6:9-10

Con Dios en oración

Sea esta tu oración: *Señor, dame sabiduría a través de tu Palabra y a través de personas piadosas quienes me guiarán conforme a la Biblia. Ayúdame a hacer lo correcto.*

Muévete más allá de la falta de oración

¿En cuáles ocupaciones o responsabilidades has sido culpable de solo pedirle a Dios que bendiga tus planes, en vez de buscar de veras primero su dirección?

Tus reflexiones... aplicación a tu vida... tus motivos de oración...

A LA MANERA DE DIOS

Es interesante cómo Dios se acercó a diferentes personas en la Biblia.

Dios se le acercó a Abraham, como un viajero. Él estaba fuera de su tienda cuando llegaron tres mensajeros. Dos eran ángeles, mientras que uno era Dios mismo. ¿Por qué vino el Señor a Abraham como un viajero? Porque Abraham era un viajero.

La noche antes de que los israelitas comenzaran su asedio de Jericó, Dios llegó a Josué, el comandante de los ejércitos de Israel, como Príncipe de los ejércitos de Jehová.

> Con el **misericordioso** te mostrarás misericordioso, y **recto** para con el hombre íntegro. **Limpio** te mostrarás para con el limpio, y severo serás para con el perverso.
>
> SALMO 18:25-26

Cuando Dios se manifestó a Jacob, se apareció como un luchador, y Jacob luchó con Él. ¿Por qué? Jacob siempre peleaba, complotaba, resistía y luchaba para obtener lo que quería.

Tal vez te puedas identificar con Jacob. Quizá haya algo que deseas de Dios, incluso algo bueno, como la salvación de un cónyuge. Tal vez estés cansado de ser soltero y te quieras casar. Quizá quieras servir a Dios en un ministerio.

No recurras a artificios para obtener lo que quieres, porque quizá lo obtengas, pero a gran costo. Jacob recibió lo que quería y le fue muy costoso. Creo que si hubiera esperado a Dios, hubiera recibido lo que Dios había prometido.

Dios quiere hacer su voluntad en nuestras vidas a su manera y en su tiempo. Si tú necesitas algo de parte de Dios, ten paciencia y espera en Él. Dios te encontrará dondequiera que estés y te llevará a donde Él quiera que vayas.

La invitación del Señor a su pueblo

Aguarda a Jehová; esfuérzate, y aliéntese
tu corazón; sí, espera a Jehová.

SALMO 27:14

Con Dios en oración

Reconoce delante de Él tu disposición a esperar el momento que Él
escoja y lo que Él elija para cada área de tu vida.

Muévete más allá de usar artificios con Dios

¿En cuáles áreas de tu vida, en cuáles deseos y necesidades, debes
tener paciencia ahora mismo a medida que esperas en Dios para
actuar? ¿Qué clase de «artificio» te sientes tentado de intentar?
¿Cómo puedes evitar esa respuesta equivocada?

Tus reflexiones... aplicación a tu vida... tus motivos de oración...

¡AVÍVANOS DE NUEVO!

¿Alguna vez has sentido que estás solo como cristiano? A veces puede parecer que tú eres el único que sirve al Señor o hablas por Él en tu trabajo o escuela, en particular si los demás cristianos que conoces tienen miedo de hacer una declaración pública de que lo son.

Por más oscuras que estén las cosas, recuerda esto: «Porque vendrá el enemigo como río, mas el Espíritu de Jehová levantará bandera contra él» (Isaías 59:19). Estas son buenas noticias. Cuando las cosas estén muy malas, cuando estén muy oscuras, puedes contar con que Dios va a hacer algo.

Es por eso que, cuando veo cómo las cosas marchan en estos tiempos, estoy en oración y en espera de que Dios haga una obra en nuestra generación.

> ¿No volverás a darnos **vida**, para que
> tu pueblo se regocije en ti?
>
> SALMO 85:6

Cuando miramos atrás a los grandes avivamientos de la historia, en los tiempos bíblicos y otros, encontramos cinco rasgos que se pueden encontrar en todo avivamiento:

1. Comenzaron durante un tiempo de depresión nacional y una profunda angustia moral.
2. Por lo general, comenzaron con un individuo, alguien en quien o a través del cual Dios obraba. Podía ser alguien que oraba o alguien que predicaba.
3. Estaban edificados sobre una osada predicación y enseñanza de la Palabra de Dios y obediencia a ella.
4. Producían una conciencia del pecado y de la necesidad de arrepentirse del mismo.

5. Producían un cambio en el clima moral; algo sucedía en la cultura como resultado.

Cuando Dios queda olvidado, una crisis moral sigue en breve. Pero hacer lo que Dios quiere que hagamos tendrá un impacto positivo en nuestra cultura.

La invitación del Señor a su pueblo

Vuelve, oh Israel, a Jehová tu Dios;
porque por tu pecado has caído.

Oseas 14:1

Con Dios en oración

Pídele que te use en la obra del avivamiento; que Él obre en ti y a través de ti.

Muévete más allá de la crisis moral

¿Qué es lo que quiere Dios en específico que hagas ahora para tener un impacto piadoso en nuestra cultura?

Tus reflexiones... aplicación a tu vida... tus motivos de oración...

EN BUSCA DE PERSONAS ORDINARIAS

Dios usa a personas ordinarias para hacer cosas extraordinarias. Mientras nosotros esperamos que una gran superestrella llegue al escenario, Dios desarrolla a alguien en la oscuridad cuyo nombre nunca hemos oído. Pensaremos en alguna persona célebre y decimos: «¿Qué tal si fulano se hiciera cristiano? Sería maravilloso, ¿no?». Y mientras nos preguntamos si fulano llegará a convertirse, Dios prepara a alguien que nos es desconocido.

Piensa en la vez que un filisteo gigante estaba vituperando a los ejércitos de Israel. Todo el mundo estaba paralizado del temor. ¿Y a quién escogió Dios? Escogió a un joven pastor de ovejas cuyo padre lo había enviado a llevar comida a sus hermanos que estaban en las primeras líneas. Ese muchacho salió a enfrentarse al gigante con unas pocas piedras, una honda y (lo más importante) su fe en Dios. Y esa persona que Dios usó, David, derrotó al gigante Goliat.

> La gente se fija en las **apariencias**, pero yo [el Señor] me fijo en el corazón.
> 1 SAMUEL 16:7, NVI

En otro momento de la historia de Israel en que el pueblo de Dios estaba inmovilizado por el temor por causa de sus enemigos, Él encontró a un individuo que trillaba trigo y lo llamó a ir a rescatar a Israel. El hombre estaba convencido de que Dios había llamado al hombre equivocado. Pero Dios lo seleccionó porque él no confiaba en sus propias habilidades. Gedeón tuvo que confiar en Dios y llegó a ser el líder que derrotó a los enemigos de Israel.

Si tienes fe en Dios, si cree que Dios te puede usar, si estás dispuesto a dar un paso de fe aquí y allá, Dios puede hacer cosas increíbles a través de ti.

Dios no busca habilidad, sino disponibilidad. Él puede darte habilidad con el tiempo. Dios está buscando a alguien que diga: *Me gustaría producir un cambio positivo donde estoy. Señor, estoy disponible.* Ora así... y después verás lo que Dios hará.

La invitación del Señor a su pueblo

Entréguense a Dios.

ROMANOS 6:13, TLA

Con Dios en oración

Habla con Dios con franqueza acerca de tu fe en que Él te puede usar.

Muévete más allá de no estar disponible para Dios

¿Qué pruebas hay en tu vida de que estás de veras disponible para que Dios te use para sus propósitos?

Tus reflexiones... aplicación a tu vida... tus motivos de oración...

Viernes

SAL Y LUZ

Creo que nosotros los cristianos a veces estamos tentados a aislarnos. Queremos sumergirnos en la subcultura cristiana y no involucrarnos demasiado en el mundo. Pero Jesús dijo: «Vosotros sois la sal de la tierra».

Cuando Jesús declaró esto a sus discípulos hace mucho tiempo, ellos entendieron el significado de lo que Él decía. La analogía nos puede confundir hoy porque no sabemos lo que significa.

En aquellos días la sal era muy valiosa. De hecho, los romanos consideraban que la sal era más importante que el mismo sol. A veces incluso se les pagaba a los soldados romanos con sal. De tal modo que cuando Jesús le dijo a sus seguidores: «Vosotros sois la sal de la tierra», estaba diciendo en cierto sentido: «Son valiosos. Son importantes. Son significativos. Pueden marcar una diferencia positiva».

Detente y piensa en la sal. De veras puede hacer mucho. Un poco de sal en un trozo desabrido de carne puede hacerlo más sabroso. ¿Alguien te ha echado sal en tu agua cuando no estabas mirando? De inmediato notaste el cambio. Una pizca de sal puede alterar el sabor de algo, así como un cristiano en una situación puede efectuar un cambio.

> Vosotros sois la **sal** de la tierra; pero si la sal se **desvaneciere**, ¿con qué será salada? No sirve más para nada, sino para ser echada fuera y hollada por los hombres. Vosotros sois la luz del mundo; una ciudad asentada sobre un **monte** no se puede esconder.
>
> Jesús, en Mateo 5:13-14

Asimismo dijo Jesús: «Vosotros sois la luz de mundo». ¿Alguna vez has estado en un cuarto oscuro y alguien encendió una linterna? La luz no fue difícil de hallar, ¿verdad? De la misma manera, un creyente que deja su luz brillar de veras puede marcar una diferencia positiva en este mundo oscurecido.

Dios te ha escogido a ti en particular para marcar una diferencia en el mundo, una diferencia estratégica.

La invitación del Señor a su pueblo

Así alumbre vuestra luz delante de los hombres,
para que vean vuestras buenas obras, y glorifiquen
a vuestro Padre que está en los cielos.

MATEO 5:16

Con Dios en oración

Dale gracias por el increíble privilegio, como cristiano, de ser la sal de la tierra y la luz del mundo.

Muévete más allá de tener muy poco impacto en el mundo

¿Qué puedes hacer hoy para dejar brillar de verdad tu luz?

Tus reflexiones... aplicación a tu vida... tus motivos de oración...

JUNTO AL ARROYO

Cuando la Biblia dice que los cuervos le llevaban comida a Elías, no significa que pasaran a tomar su orden, volaran al restaurante de comida rápida, y después le presentaran su comida. Los cuervos son carroñeros. Traían pedacitos de carne y pan a Elías. Lo que es más, el agua en el arroyo del cual bebía puede haber estado un poco contaminada. No era una situación sencilla.

Con qué facilidad Elías pudo haber dicho: «Bueno, Señor, en realidad no quiero estar en este lugarcito de mala muerte. Prefiero estar delante de la gente. Me gusta la fama». Pero el Señor preparaba a Elías para algo que estaba más allá de sus sueños más descabellados. Poco después de esto, Elías se pararía sobre el monte Carmelo en una gran confrontación con los falsos profetas (véase 1 Reyes 18:20-39).

> Y los cuervos le **traían** pan y carne por la mañana,
> y pan y **carne** por la tarde; y bebía del arroyo.
>
> 1 REYES 17:6

A veces no nos gusta el sitio donde Dios nos ha puesto. Decimos: *Señor, no me gusta esta situación. No me gusta donde estoy. Quiero hacer algo grande por ti. Quiero marcar una diferencia positiva en mi mundo.* Pero el Señor quiere que tú seas eficaz ahí mismo donde estás. Quiere que aproveches las oportunidades que tienes frente a ti y seas fiel en las cosas pequeñas. ¿Quién sabe lo que Dios tiene preparado para ti en ese lugar?

Si Dios te tiene junto a un pequeño arroyo turbio, para decirlo de alguna manera, persevera. Sé fiel, haz lo que Él ya te ha pedido, y espera en Él y el tiempo que tiene determinado. Dios hará algo maravilloso para ti o contigo. Solo está disponible y abierto para hacer lo que Él quiera.

La invitación del Señor a su pueblo

Esforzaos todos vosotros los que esperáis en
Jehová, y tome aliento vuestro corazón.

SALMO 31:24

Con Dios en oración

Confiesa a Dios cuán abierto estás a todo lo que Él quiera hacer
en tu vida ahora mismo y tu disposición a ir, o quedarte, donde Él
quiera que estés.

Muévete más allá de quejarte de dónde Dios te tiene

¿Qué paso de fidelidad al llamado de Dios debes dar hoy?

Tus reflexiones... aplicación a tu vida... tus motivos de oración...

ENTRE DOS MUNDOS

La Biblia menciona una categoría de cristianos que describe como carnales. Estas son personas en un estado de desarrollo espiritual atrofiado. En realidad, nunca han madurado.

Están atrapados entre dos mundos: tienen demasiado del Señor para sentirse felices en el mundo, pero tienen demasiado del mundo para sentirse felices en el Señor. Son las personas más miserables que hay.

Muchos de nosotros entendemos que este mundo no tiene las respuestas a las preguntas de la vida y que no se puede confiar él. Pero a la misma vez, tampoco confiamos en Dios. No hemos asumido una postura.

Pero es hora de decir: «Creo en Jesucristo». Es hora de estar firmes en defensa de la verdad y dejar de ser invisibles.

Con mucha frecuencia, en nuestros esfuerzos por obtener credibilidad, perdemos nuestra integridad. En nuestros esfuerzos por relacionarnos con las personas, perdemos cualquier poder que hubiéramos tenido en esas relaciones porque hemos comprometido nuestros principios.

> El justo está **confiado** como un león.
> PROVERBIOS 28:1

La Biblia nos da muchos ejemplos de personas que defendieron lo que era justo, a pesar de que arriesgaban algo importante, incluso sus vidas. Una de esas personas fue Daniel, que ocupaba una posición de gran influencia en la corte de Nabucodonosor. Aun así, no comprometía sus principios.

Tal vez tú tienes temor de defender a Jesucristo. Temes que pueda hacerte daño a tu carrera, a una relación o a otra cosa. Pero

Dios nos da momentos en los que tenemos que defender lo que sabemos que es verdad.

Cuando defiendas a Jesús quizá te critiquen, e incluso puedas perder algo importante para ti. Pero todo lo que pierdas, Dios te lo recompensará. Él te bendecirá por defender lo que es correcto.

La invitación del Señor a su pueblo

Fortaleceos en el Señor, y en el poder de su fuerza.

EFESIOS 6:10

Con Dios en oración

Pídele que te fortalezca cuando vengan tiempos en que tengas que defender a Cristo. Dale gracias por las bendiciones que Él promete para los que son fieles en esto.

Muévete más allá del temor de defender a Cristo

Al anticipar los días y las semanas que te esperan, ¿de cuáles oportunidades de defender a Cristo te vas a aprovechar?

Tus reflexiones... aplicación a tu vida... tus motivos de oración...

DECIDE

¿Has tenido alguna vez uno de esos días de indecisión? Yo tiendo a ser decisivo, pero puedo caer en un estado de ánimo en el que no puedo tomar una decisión. Puedo estar en la ventanilla de pedidos para llevar de un restaurante y de repente sentirme afligido por la indecisión. Eso no es demasiado trágico en una ventanilla de pedidos. Pero cuando las personas son indecisas con Dios, es un problema serio.

> Y acercándose Elías a todo el **pueblo**, dijo: ¿Hasta cuándo **claudicaréis** vosotros entre dos pensamientos? Si Jehová es Dios, seguidle.
>
> 1 REYES 18:21

Así era Israel en los días de Elías. Por muchas décadas la nación había ido de aquí para allá entre los dioses falsos y el Dios verdadero. Como no querían sentirse responsables ni vivir con absolutos, seguían a algún otro dios. Cuando cosechaban los resultados de seguir a ese dios, se escabullían con rapidez al Señor a decir cuánto lo sentían. Pero cuando los problemas terminaban, regresaban como hijos descarriados y hacían lo mismo otra vez.

Cada vez que estaban al borde de la destrucción, Dios se mostraba misericordioso y los perdonaba. Pero un día, Elías en esencia les dijo: «Basta ya. Decidan. ¿De qué lado están?».

Moisés había planteado una alternativa similar a Israel cuando adoraron al becerro de oro. Les dijo: «¿Quién está por Jehová? Júntese conmigo» (Éxodo 32:26). De igual manera su sucesor, Josué, retó a Israel con estas palabras: «Escogeos hoy a quién sirváis» (Josué 24:15).

Y Jesús dijo: «El que no es conmigo, contra mí es; y el que conmigo no recoge, desparrama» (Mateo 12:30).

Jesús exige que escojamos. Demanda que decidamos de qué lado estamos.

Escoje hoy a quién vas a servir.

La invitación del Señor a su pueblo

Escogeos hoy a quién sirváis.

JOSUÉ 24:15

Con Dios en oración

Déjale saber que tú lo escoges a Él, y que le seguirás sin importar lo que cueste.

Muévete más allá de la indecisión

¿Cuáles son las ocasiones o situaciones en las que más luchas con la indecisión espiritual? ¿Cuáles decisiones y elecciones debes hacer?

Tus reflexiones... aplicación a tu vida... tus motivos de oración...

PERSONAS TIBIAS

La leche fría es una maravilla. No hay nada como un vaso de leche fría con un par de galletitas. La leche también es sabrosa caliente. Con un poco de chocolate es fantástica. ¿Pero leche tibia? Solo la idea me da asco. Simplemente no sirve.

En Apocalipsis 3, Jesús habló de individuos tibios. Dijo: «Yo conozco tus obras, que ni eres frío ni caliente. ¡Ojalá fueses frío o caliente!» (Apocalipsis 3:15).

Es interesante que aquí Jesús dijera que prefiere lo caliente o lo frío. Podrías pensar que Jesús iba a decir: «Prefiero que seas caliente. Pero si solo te consigo tibio, es mejor que frío». Puedes pensar que tibio sería más aceptable para Él, porque es algo parecido a caliente. Pero Jesús en realidad estaba diciendo: «No quiero tibieza. No quiero compromisos a medias. Quiero que decidas. Quiero que entres del todo o que te salgas del todo».

> Conozco tus obras; sé que no eres ni **frío** ni **caliente**. ¡Ojalá fueras lo uno o lo otro! Por tanto, como no eres ni frío ni caliente, sino tibio, estoy por **vomitarte** de mi boca.
>
> JESÚS, EN APOCALIPSIS 3:15-16, NVI

Esta es la razón. Sabemos que estar caliente es bueno; estamos ardiendo, estamos caminando con Dios, estamos donde Él quiere que estemos. Pero si estamos fríos, hay la esperanza de que por lo menos reconozcamos que estamos fríos y algún día entendamos cuánto necesitamos a Cristo y vengamos a Él. La persona tibia, sin embargo, está peor que la persona fría porque se engaña a sí misma. La persona tibia dice: «Voy a la iglesia. A veces leo la Biblia. Más o menos creo en Dios, cuando me es conveniente». Esa es la peor de las condiciones.

¿Cuál es su temperatura espiritual hoy?

La invitación del Señor a su pueblo

Fervientes en espíritu, sirviendo al Señor.

ROMANOS 12:11

Con Dios en oración

Habla con Él acerca de tu temperatura espiritual, y alábale porque en su santidad espera nada menos que calor.

Muévete más allá de la tibieza

Si tu temperatura espiritual necesita más calor, ¿qué se requiere para obtenerlo?

Tus reflexiones... aplicación a tu vida... tus motivos de oración...

SU REPRESENTANTE

Es difícil para muchos cristianos entender cómo de repente sus amigos y familiares se pueden volver en contra de ellos solo porque ahora siguen a Jesucristo. Personas con las que han tenido una amistad íntima de pronto se les vuelven hostiles.

Me asombra como incluso padres se han vuelto contra sus hijos. He oído a adolescentes y jóvenes adultos contarme cómo habían sido adictos a las drogas o habían vivido vidas sexualmente permisivas o habían estado metiéndose en problemas con las autoridades. Entonces conocieron a Cristo y sus vidas cambiaron. Comenzaron a vivir vidas morales. Sin embargo, sus padres estaban enojados con ellos por venir a la fe cuando, en realidad, debían haberse regocijado por los cambios.

A veces incluso los padres no comprenderán lo que el Señor está haciendo en la vida de sus hijos. O los hijos no entenderán la obra milagrosa que Dios está haciendo en sus padres. A veces es la misma situación entre marido y mujer, o entre amigos o colegas. No entienden.

> Acordaos de la palabra que yo os he dicho: El siervo no es mayor que su **señor**. Si a mí me han **perseguido**, también a vosotros os perseguirán.
>
> JUAN 15:20

¿Recuerdas cuando Saulo (que luego llegó a ser el apóstol Pablo) perseguía a los cristianos? Un día en el camino a Damasco, se encontró con el mismísimo Jesucristo, quien le preguntó: «Saulo, Saulo, ¿por qué me persigues?» (Hechos 9:4). Saulo había pensado que su lucha era contra los cristianos, pero luchaba contra el mismo Cristo.

Las personas desahogan sus hostilidades y te atacan a porque tú eres un representante de Dios. He hablado con personas que, cuando descubrieron que yo era pastor, de repente comenzaron a descargar sobre mí todo lo que tenían contra Dios. He llegado a comprender que esto pasa porque soy un representante de Dios, así como todos los creyentes.

Es un gran honor ser su representante. Pero con ese honor viene la responsabilidad. Ten cuidado. No impidas que otro se acerque a Cristo debido a tu mala representación.

———————————————————————————————

La invitación del Señor a su pueblo

Tengan cuidado [...] aprovechando al
máximo cada momento oportuno.

EFESIOS 5:15-16, NVI

———————————————————————————————

Con Dios en oración

Dale gracias por dejar claro en su Palabra que los que creen en Cristo deben esperar la persecución por causa de su nombre. Agradécele por este honor y privilegio.

Muévete más allá del descuido en representar a Cristo

Uno puede representar mal a Cristo poniéndose bravo o molesto cuando se enfrenta a la hostilidad o la persecución por su fe. ¿Qué puedes hacer para evitar esto?

Tus reflexiones... aplicación a tu vida... tus motivos de oración...

EL FIEL SEGUIDOR

Cerca del final de su vida, el apóstol Pablo escribió al joven pastor Timoteo: «He peleado la buena batalla, he acabado la carrera, he guardado la fe» (2 Timoteo 4:7). Unos pocos versículos más adelante, se refiere a un hombre llamado Demas que lo había «desamparado, amando este mundo, y se ha ido a Tesalónica» (2 Timoteo 4:10). Cuando se puso muy difícil para Demas, renunció. No quiso ser un seguidor de Jesús si esto requería algo de él, si le costaba algo, y por supuesto, si significaba que sufriría persecución.

> Y a cualquiera que me **niegue** delante de los hombres, yo también le negaré delante de **mi Padre** que está en los cielos.
>
> Jesús, en Mateo 10:33

Jesús habló del mismo dilema en la parábola del sembrador, en la cual comparó la Palabra de Dios entrando en los corazones de las personas a las semillas que un agricultor dispersa. Jesús explica:

> Y el que fue sembrado en pedregales, éste es el que oye la palabra, y al momento la recibe con gozo; pero no tiene raíz en sí, sino que es de corta duración, pues al venir la aflicción o la persecución por causa de la palabra, luego tropieza.
>
> Mateo 13:20-21

Hay algunos que abandonarán su fe cristiana cuando vengan problemas o persecuciones. Se darán por vencidos. Negarán al Señor. Una manera que las personas hacen esto es solo con decir:

«No le conozco». Pero otra forma es no confesar tu fe en Jesucristo o defenderlo cuando se presenta la oportunidad.

¿Saben las personas que eres cristiano? ¿Saben tus colegas que eres cristiano? ¿Saben tus familiares que eres un seguidor de Jesucristo? ¿Estás hablando por Él? Espero que sí.

La invitación del Señor a su pueblo

Levántate, resplandece; porque ha venido tu luz,
y la gloria de Jehová ha nacido sobre ti.

ISAÍAS 60:1

Con Dios en oración

Pídele coraje para ser un testigo del Señor Jesucristo.

Muévete más allá de no testificar de Cristo

¿Saben los inconversos a tu alrededor que eres cristiano? Si no, ¿cómo y cuándo debes dejarles saberlo?

Tus reflexiones... aplicación a tu vida... tus motivos de oración...

INGRATITUD

Un hombre estaba parado en el techo de una casa de tres plantas, fijando con clavos una teja suelta. Perdió el equilibrio y comenzó a resbalar. Al comenzar a deslizarse por el techo, le aterrorizó la idea de matarse en una caída. Comenzó a gritar: «¡Dios, ayúdame! ¡Me estoy cayendo! ¡Dios, haz algo!».

Cuando llegó al borde del techo, el pasador de correa de sus pantalones se enganchó en un clavo por el tiempo suficiente para que se agarrara de algo otra vez. Voceó: «Olvídalo, Dios, que a fin de cuentas no necesito tu ayuda. Me enganché con un clavo».

Así es como somos a veces. Clamamos a Dios. Él responde a nuestras oraciones. Y entonces decimos: *Olvídalo, Dios. Todo salió bien.* Pero, ¿nos detenemos a pensar cómo Dios obró a través de varias circunstancias para venir a nuestro rescate?

Debemos dedicar tanto celo a darle gracias a Dios por lo que hace, como el que dedicamos a rogarle cuando tenemos una necesidad.

> Habiendo conocido a Dios, no le glorificaron como a Dios,
> ni le **dieron gracias**, sino que se **envanecieron** en
> sus razonamientos, y su necio corazón fue entenebrecido.
>
> ROMANOS 1:21

Oí hablar de un capellán de hospital que tenía un registro de unos dos mil pacientes a los que había visitado y que estaban en condiciones críticas. Todos habían mostrado signos de arrepentimiento. Pero de aquellos cuya salud se les restauró, solo dos mostraron un cambio pronunciado en sus vidas espirituales después de su recuperación. En otras palabras, cuando estas personas pensaban que iban a morir, se arrepintieron. Pero cuando se recuperaron, se olvidaron de Dios. Era obvio que no tenían una verdadera apreciación de la recuperación que Él les había concedido.

¿Qué pensarías de alguien que siempre quiere cosas tuyas pero que nunca te ofrece ni una palabra de agradecimiento a cambio? Podemos ser así con Dios, ¿no es cierto? Recordemos siempre darle las gracias.

La invitación del Señor a su pueblo

Alaben a Dios el Padre de todo corazón,
y denle siempre gracias por todo.

EFESIOS 5:20, TLA

Con Dios en oración

Separa bastante tiempo para agradecerle a Dios tus dones y regalos incontables en tu vida. Sé específico y menciónalos todos.

Muévete más allá de la ingratitud

¿Cómo puedes asegurarte de que la gratitud a Dios sea una actitud permanente en tu mente y corazón?

Tus reflexiones... aplicación a tu vida... tus motivos de oración...

CUANDO LA ALABANZA SE CONVIERTE EN UN SACRIFICIO

Hay veces en que es un sacrificio ofrecer alabanza a Dios porque, para ser sinceros, de veras no queremos alabarle. Hay veces en que nos sentimos caídos o deprimidos porque las cosas no nos van muy bien y en realidad no sentimos el deseo de alabar al Señor.

Pero la Biblia está llena de amonestaciones a dar gloria y alabanza y gracias a Dios. Como esta: «Aleluya. Alabad a Jehová, porque él es bueno; porque para siempre es su misericordia» (Salmo 106:1).

Fíjate que este versículo no nos dice que le demos gracias a Dios cuando nos sintamos bien, sino que le demos gracias porque Él es bueno. Yo no le alabo porque sienta el deseo. Alabo a Dios porque Él es digno de esa alabanza, a pesar de lo que yo esté viviendo.

Debo alabarle por ninguna otra razón aparte de que Dios me dice que lo haga. Y he descubierto que cuando comienzo a alabar al Señor solo por obediencia, con el tiempo la emoción comienza a conectarse con mi acto de obediencia.

> El que sacrifica **alabanza** me honrará.
>
> SALMO 50:23

En el Evangelio de Lucas encontramos la historia de diez hombres que Jesús tocó de una manera milagrosa. Debido a que estos hombres tenían lepra, estaban marginados por la sociedad. Pero Jesús estuvo dispuesto a tocarles y sanarles de esta temible enfermedad. Solo uno, un samaritano, volvió para darle las gracias y alabar a Dios. Jesús preguntó: «¿No hubo quien volviese y diese gloria a Dios sino este extranjero?» (Lucas 17:18).

De muchas maneras, creo que todavía Él hace esta pregunta hoy.

La invitación del Señor a su pueblo

Ofrezcamos siempre a Dios, por medio de él, sacrificio de alabanza, es decir, fruto de labios que confiesan su nombre.

HEBREOS 13:15

Con Dios en oración

Piensa en verdad cuán bueno es Dios, y dale gracias a Él.

Muévete más allá de la falta de alabanza a Dios

¿Qué te puede ayudar a ser más constante en el hábito de alabar a Dios?

Tus reflexiones... aplicación a tu vida... tus motivos de oración...

NO ME AVERGÜENZO

Estamos viviendo en un tiempo en el que la gente defiende toda clase de causas. Tenemos quienes defienden los derechos de los animales, defienden el medio ambiente, y aun defienden el derecho de llevar una vida sexual perversa.

Las personas defienden cualquier cosa concebible, y en algunos casos, aun están dispuestos a morir por la causa. A pesar de que no estemos de acuerdo con lo que dicen en algunos casos, tenemos que admirar su disposición a arriesgar sus reputaciones, sus carreras, y a veces sus mismas vidas.

> No me **avergüenzo** del evangelio, porque es poder
> de Dios para **salvación** a todo aquel que **cree**;
> al judío primeramente, y también al griego.
>
> ROMANOS 1:16

¿No es hora de que nosotros, como cristianos, defendamos lo que creemos?

Romanos 10:9 dice que «si confesares con tu boca que Jesús es el Señor, y creyeres en tu corazón que Dios le levantó de los muertos, serás salvo». ¿Qué significa confesar que Jesús es el Señor? La misma palabra confesar nos da una pista. Significa «estar de acuerdo con». Cuando estoy confesando a Jesucristo, no solo estoy reconociendo que Él existió, sino además estoy reconociendo que Él es Dios. Cuando confieso a Jesucristo delante de los demás, lo que digo es que estoy de acuerdo con Él. No es suficiente solo reconocer que Él tiene poder y que se mueve en la vida de ciertas personas. Debe haber un reconocimiento personal en el que lo recibo como mi propio Salvador y Señor.

En un día en que muchos defienden tantas causas, me parece que hay muchos en la iglesia que no defienden nada. Estemos dispuestos a levantarnos y confesar a Jesucristo delante de los demás.

¿No será la hora que nosotros, como cristianos, defendamos lo que creemos? Es hora de levantarnos y declarar lo que somos.

La invitación del Señor a su pueblo

[Confiesa] con tu boca que Jesús es el Señor.

ROMANOS 10:9

Con Dios en oración

Habla de forma sincera con Él de cualquier cosa que impida que tú tomes una posición de parte de Cristo. Pídele que te ayude a vencer esos obstáculos, y confía que Él lo hará a medida que dependas por completo de Él.

Muévete más allá de no confesar a Cristo en público

Con confianza en el poder del Evangelio, ¿con quién debes hablar acerca de la salvación en Cristo?

Tus reflexiones... aplicación a tu vida... tus motivos de oración...

TOMA LA DECISIÓN CORRECTA

Cuando por primera vez me convertí a Cristo, decidí que de alguna manera iba a vivir en dos mundos. Estaba planeando pasar el tiempo con los viejos amigos y de todas formas ser un cristiano.

Por un tiempo estuve en un estado como de hibernación. No me sentía del todo cómodo con mis viejos amigos, ni tampoco muy cómodo con los cristianos. Así que decidí ser Don Cristiano Solo. Incluso le dije a mis amigos: «No se preocupen por mí. Están pensando que me voy a convertir en un fanático que siempre lleva una Biblia y dice: "Gloria a Dios". Eso nunca va a suceder. Voy a ser bien tranquilo en cuanto a esto. Voy a creer en Dios ahora, pero no les voy a hacer pasar pena».

Sin embargo, a medida que Dios llegó a ser más real para mí y comencé a seguirle más de cerca, Él cambió mi vida y mi perspectiva, y mis prioridades comenzaron a cambiar.

Hay personas que te van a desalentar de crecer espiritualmente. Van a decir: «Creo que es bueno que seas cristiano. Yo también voy a la iglesia, en la Navidad, la Pascua y cuando alguien se casa. Pero te estás volviendo un poco fanático. De hecho trajiste una Biblia al trabajo el otro día. Qué pena nos dio. Ya no eres simpático como antes. Nos gusta que hayas hecho unos cambios en tu vida, pero no te vayas al extremo». Hay personas que te van a desalentar de esta manera.

Escogí el camino de la verdad.
SALMO 119:30

Cuando esto ocurra, tú tendrás la opción de dejarte llevar por la corriente o hacer lo que Dios quiere que hagas. ¿Vas a permitir que las personas te refrenen? ¿Vas a permitir que te desalienten en cuanto a un compromiso incondicional con Jesucristo?

La invitación del Señor a su pueblo

Os he puesto delante la vida y la muerte, la
bendición y la maldición; escoge, pues, la vida,
para que vivas tú y tu descendencia.

Deuteronomio 30:19

Con Dios en oración

Pídele que te muestre las decisiones específicas que debes tomar ahora mismo al seguir al Señor Jesucristo.

Muévete más allá de las prioridades equivocadas

¿Cuán susceptible eres a la influencia equivocada de las personas que no creen en Cristo? ¿Cómo te puedes proteger de esa influencia?

Tus reflexiones... aplicación a tu vida... tus motivos de oración...

DESPUÉS DE LA PALOMA

Los mayores retos y tentaciones de la vida cristiana con frecuencia vienen después de las grandes victorias. He hallado que después de experimentar grandes bendiciones en mi vida o después que Dios obra de una manera poderosa, el diablo está ahí para impugnarlo todo.

Piénsalo. Después que Dios hubo obrado con gran poder a través de Elías en el monte Carmelo, el profeta se desanimó tanto que se quería morir. Después que Jesús fue transfigurado, descendió de la montaña para encontrar que le esperaba una persona poseída por demonios.

Piensa en Jesús cuando se bautizó en el río Jordán; el Espíritu Santo vino sobre Él en la forma de una paloma, y Dios dijo: «Este es mi Hijo. Yo lo amo mucho y estoy muy contento con él» (Mateo 3:1, TLA). Después de un punto espiritual tan alto, Jesús fue llevado al desierto para ser tentado por el diablo. Después de la paloma vino el diablo.

> El ladrón no viene sino **para** hurtar y matar y
> destruir; yo he venido para que tengan vida, y
> para que la tengan **en abundancia.**
>
> JESÚS, EN JUAN 10:10

El diablo siempre estará ahí para impugnar lo que Dios haya hecho. Tal vez venga después de la iglesia, después que Dios te haya bendecido y hablado. Apenas sales del estacionamiento cuando te golpea una tremenda tentación. Te preguntas cómo eso puede haber pasado. Pero ese es el estilo del diablo. Quiere hacer de tu vida una miseria. Lo más importante es que él quiere robarte cualquier cosa que Dios haya hecho en tu vida.

El diablo nos observa y busca puntos vulnerables. Por esto es que debemos orar por cualquier persona que conozcamos que Dios esté usando. Y es por eso que debemos prepararnos. Mientras des más paso adelante para ser usado por el Señor, más será de esperar la oposición del diablo.

La invitación del Señor a su pueblo

Vestíos de toda la armadura de Dios, para que podáis estar firmes contra las asechanzas del diablo.

EFESIOS 6:11

Con Dios en oración

Piensa en los cristianos que conoces que se están dejando usar por el Señor, y pide protección por ellos de los ataques del diablo.

Muévete más allá de la vulnerabilidad del diablo

¿Cómo puedes prepararte para la oposición espiritual? ¿Cuáles estrategias defensivas puedes adoptar al hacer tus planes?

Tus reflexiones... aplicación a tu vida... tus motivos de oración...

LLEGAR A LA RAÍZ

Con mucha frecuencia, cuando algo va mal en nuestra nación, queremos organizar un boicot o una protesta. Pero, ¿sabías que como creyentes tenemos algo más poderoso que los boicots? Se llama oración, y la Biblia nos dice que nos dediquemos a ella: «Perseverad en la oración, velando en ella con acción de gracias» (Colosenses 4:2).

Debemos orar por nuestra nación. Debemos orar por las personas que necesitan oír el Evangelio. Y debemos dar a conocer el Evangelio.

Debemos dar a conocer las buenas nuevas de Jesucristo a esa mujer que quiere abortar a su hijo. Necesitamos dar a conocer el mensaje del Evangelio a ese hombre o mujer que está atrapado en un estilo de vida homosexual. Debemos dar a conocer a Cristo a los miembros de las pandillas. Es necesario proclamarlo a Él a todos los miembros de nuestra sociedad que están heridos.

> Usamos las armas poderosas de Dios, no las del mundo, para **derribar** las fortalezas del razonamiento humano y para **destruir** argumentos falsos.
>
> 2 CORINTIOS 10:4, NTV

A medida que las personas descubran que hay otro reino, cambiará la manera en que viven en este. Con demasiada frecuencia nosotros los cristianos nos hemos preocupado por los síntomas en la sociedad sin tocar la raíz del problema. La raíz es el pecado; la solución es el Evangelio.

Así que lleguemos a la raíz de las necesidades de nuestra sociedad. La sociedad necesita regresar a Dios. Nosotros pensamos que si elegimos a las personas adecuadas para un cargo público resolveremos todos nuestros problemas, o algún programa del gobierno los resolverá. Pero nuestros problemas no se resolverán con ninguno de nuestros propios esfuerzos.

Solo Dios puede resolverlos. Debemos regresar a Él.

Hablemos a los demás acerca de Cristo y no nos preocupemos tanto por lo que hacen debido a su pecado. Tratemos de alcanzar a las personas donde de veras les duele. Y asegurémonos siempre de estar orando.

La invitación del Señor a su pueblo

Libra a los que son llevados a la muerte; salva
a los que están en peligro de muerte.

PROVERBIOS 24:11

Con Dios en oración

Agradécele a Dios por darnos el Evangelio como la solución total para el pecado de cualquier persona.

Muévete más allá de las reacciones incorrectas al pecado que te rodea

Ora en particular por los incrédulos que conoces que necesitan oír y creer el Evangelio. ¿Cuándo podrás darles a conocer el Evangelio?

Tus reflexiones... aplicación a tu vida... tus motivos de oración...

COSAS SENCILLAS

¿Has deseado alguna vez poder hacer un milagro para tus amigos o familiares que no son creyentes? Tú piensas: *Si eso sucediera, ellos creerían*. Creemos que se requerirá algo dramático o conmovedor. Pero muchas veces Dios obra de maneras sencillas para alcanzar a las personas.

Por ejemplo, leí acerca de un ateo endurecido que tenía una hijita. No quería que ella creyera en Dios. Así que un día, escribió en una hoja la frase *God is nowhere* que quiere decir «Dios no está en ninguna parte», y le pidió a la niñita que leyera las palabras en voz alta.

Ella tomó el pedazo de papel en su mano. Como estaba apenas aprendiendo a leer, leyó con mucha lentitud cada palabra: «God... is...» [«Dios... está...»]. Hizo una pausa y estudió las letras. «Ah, ya entiendo, Papi. "¡God is now here!" [¡Dios está aquí ahora!]».

El ateo fue tocado por este simple evento, y con el tiempo llegó a ser creyente en Jesucristo.

> La **locura** de Dios es más sabia que la sabiduría humana, y la debilidad de Dios es **más fuerte** que la fuerza humana.
>
> 1 CORINTIOS 1:25, NVI

Esto me hace recordar a una pareja que asistió a una de nuestras cruzadas de evangelismo en el sur de California. Al ir caminando por la calle, vieron una arrugada pero colorida hoja de papel en el suelo. Cuando la recogieron y la estiraron, descubrieron que era una invitación a la cruzada que también contenía el mensaje del Evangelio. Lo leyeron y a continuación oraron y recibieron a Cristo. También fueron a la cruzada y pasaron al frente con la invitación. ¡Qué cosa más sencilla usó Dios: una arrugada hoja de papel!

Muy a menudo creemos que necesitamos algo dramático para alcanzar a los inconversos, o los mejores argumentos. Pero muchas veces Dios hace su obra de maneras del todo inesperadas.

Dios puede usar cosas muy sencillas y hablar de maneras muy sencillas. Uno nunca sabe.

La invitación del Señor a su pueblo

Espera en Dios.

SALMO 42:11

Con Dios en oración

Dale gracias a Dios por las maneras maravillosas e infinitamente creativas que Él usa para alcanzar a las personas.

Muévete más allá de limitar a Dios

Pasa tiempo en oración y pídele a Dios que te use de maneras sorprendentes en las vidas de los inconversos que te rodean.

Tus reflexiones... aplicación a tu vida... tus motivos de oración...

OÍR A DIOS

Hay muchas personas hoy que dicen que oyen a Dios decirle que sigan cierta línea de acción, pero esa acción no está a tono con las enseñanzas de las Escrituras. Debemos recordar que Dios nunca va a contradecir su Palabra. Siempre nos guiará conforme a lo que la Biblia dice.

Algunas personas inventan unos conceptos de poco peso, como: «No estamos casados, pero Dios nos ha dicho que está bien que tengamos relaciones sexuales». Yo les aseguro que Dios no dijo eso, porque en su Palabra nos dice: «Huid de la fornicación... el que fornica, contra su propio cuerpo peca» (1 Corintios 6:18). Dios no contradice su Palabra.

Digamos que tú esperas una carta de una persona de la que estás enamorado o la respuesta a una solicitud de empleo o la confirmación de que te has ganado algún premio enorme. Te paras junto a la ventana, esperando por lo que te parece una eternidad para que llegue el cartero. Al fin llega el cartero y sales corriendo hacia tu casilla de correo.

¿Habrá algo que te pudiera impedir que abrieras esa carta? ¿Se te olvidaría leer lo que tiene adentro? ¿Te sentirías satisfecho con solo llevarla de aquí para allá sin abrirla?

Lo dudo. Lo más probable es que la abras y la leas incluso antes de entrar a tu casa.

Lámpara es a mis pies tu **palabra**, y **lumbrera** a mi camino.
Salmo 119:105

La Biblia es una carta que Dios te ha escrito. Muchos de nosotros la llevamos de aquí para allá. La tenemos en distintos colores y tamaños. La tenemos en varias traducciones. Pero nunca la leemos, a pesar de que es una carta de Dios para nosotros. Es como si tuvieras una carta escrita a mano enviada por Dios para ti.

Sin leerla, nunca podremos decir con certeza: «¡Dios me habló!». Si tú quieres que Dios te hable, lee su Palabra.

La invitación del Señor a su pueblo

La palabra de Cristo more en abundancia en vosotros.

Colosenses 3:16

Con Dios en oración

Dale gracias por expresarte a ti sus palabras personales en las Escrituras.

Muévete más allá de no oír a Dios hablar

Haz un serio compromiso delante de Dios, de pasar tiempo a diario con Él en la lectura de su Palabra. Pídele a alguien (a tu cónyuge o un amigo) que verifique que tú cumplas con este compromiso.

Tus reflexiones... aplicación a tu vida... tus motivos de oración...

LA VOZ DE LA CIRCUNSTANCIA

Dios no solo nos habla a través de su Palabra, y no solo nunca va a contradecir su Palabra, sino que también nos habla a través de las circunstancias.

Aunque no tiendo a basar las decisiones trascendentales de la vida nada más que en las circunstancias, sin lugar a dudas ha habido momentos en que he sentido que algo era la voluntad de Dios y a continuación las cosas cayeron en el debido sitio de manera circunstancial. En otras ocasiones, las circunstancias han hecho obvio que Dios estaba diciendo que no.

Un ejemplo clásico que muestra la comunicación de Dios a través de las circunstancias fue cuando Dios le habló a Gedeón, que echó su vellón sobre la tierra y le pidió a Dios que confirmara sus instrucciones previas.

> Y Gedeón dijo a Dios: Si has de **salvar** a Israel por mi mano, como has dicho, he aquí que yo pondré un **vellón** de lana en la era; y si el rocío estuviere en el vellón solamente, quedando seca toda la otra tierra, entonces **entenderé** que salvarás a Israel por mi mano, como lo has dicho.
>
> JUECES 6:36-37

Otro ejemplo es Jonás, que sin duda alguna entendió bien el mensaje cuando Dios detuvo su viaje de manera súbita, y él se encontró en el vientre de un pez muy grande.

Como parte de este proceso de dirigirnos, Dios también nos habla a través de las personas. Ha habido momentos en los que he estado escuchando a alguien predicar o he estado conversando con un amigo, y de repente lo que este dice me viene como anillo al dedo a la situación por la que yo atravesaba, aunque el que hablaba se hallaba ajeno a mi situación. Me ha hecho darme cuenta de que Dios mismo me estaba hablando a través de esos individuos.

Tal vez Dios te haya hablado por medio de un pastor o un amigo cristiano. O quizá te ha hablado a través de las circunstancias. Escucha bien... y confróntalo todo con las Escrituras, pues recuerda que Él jamás entrará en contradicción con su Palabra.

La invitación del Señor a su pueblo

Examinadlo todo; retened lo bueno.

1 TESALONICENSES 5:21

Con Dios en oración

Pídele que te guíe «por sendas de justicia por amor de su nombre» (Salmo 23:3).

Muévete más allá de ignorar cómo habla Dios

Piensa en las maneras que Dios te ha guiado en el pasado y lo que has aprendido a través de esas experiencias. ¿Cuáles principios puedes identificar para cómo Dios quiere guiarte en el futuro?

Tus reflexiones... aplicación a tu vida... tus motivos de oración...

LA VOZ DE LA PAZ

Dios no solo nos habla a través de su Palabra, y no solo nos habla por medio de las personas y las circunstancias, sino que también nos habla a través de su paz.

Se nos dice: «Y la paz de Dios gobierne en vuestros corazones, a la que asimismo fuisteis llamados en un solo cuerpo; y sed agradecidos» (Colosenses 3:15). Otra manera de traducir ese versículo es: «Permitan que la paz de Dios sirva como un árbitro en sus vidas, decidiendo con finalidad todos los asuntos que surjan».

La paz de Dios puede actuar como un árbitro en tu vida. Puede establecer con finalidad lo que tú debes hacer. Funciona de la siguiente manera. Quizá tú crees que una cierta línea de acción es la voluntad de Dios para ti. Las cosas parecen haber caído en su debido lugar de modo circunstancial. Tú comienzas a proceder, pero entonces sientes una total ausencia de paz. Algo por dentro te está diciendo: «No lo hagas».

> Ustedes **saldrán** con alegría y serán guiados en **paz**.
>
> Isaías 55:12, NVI

El Antiguo Testamento narra la historia de un grupo de individuos astutos conocidos como los gabaonitas, que vivían en Canaán. Dios le había instruido a Josué no hacer pacto alguno con los habitantes de la tierra. Así que los gabaonitas se pusieron zapatos y ropas viejas e hicieron como que habían llegado de una tierra lejana. Le dijeron a Josué que venían para llegar a un acuerdo con él. De esta manera Josué, sin saberlo, hizo un pacto con sus enemigos porque no consultó al Señor.

Las cosas pueden lucir bien por fuera. Todo puede parecer que está bien. Ten cuidado. Aprende a escuchar ese silbo apacible. Aprende a prestar atención a la presencia o la falta de esa paz en tu vida, porque esa es una de las maneras en que Dios te guiará. Cuando uno está en la voluntad de Dios, tiene su paz.

———————————————————————————

La invitación del Señor a su pueblo

Y la paz de Dios gobierne en vuestros corazones.

COLOSENSES 3:15

———————————————————————————

Con Dios en oración

Dale gracias por el don de su paz, y alábale por ser «el Dios de paz» (Romanos 15:33).

Muévete más allá de perderte la paz de Dios

¿Qué significa «la paz de Dios» en tu experiencia? ¿Cómo puedes describirla con el fin de ayudar a otra persona a entenderla?

Tus reflexiones... aplicación a tu vida... tus motivos de oración...

CUÁNDO HUIR

Hace unos años salió una historia en las noticias acerca de un hombre cuya pierna había quedado atrapada bajo un árbol caído. Sin nadie alrededor que viniera a su rescate, sacó su navaja y procedió a amputarse la pierna. A continuación se arrastró por la carretera hasta que alguien lo encontró y lo llevó a prisa a un hospital. De modo increíble, este hombre con una pierna aserrada todavía tuvo suficiente serenidad como para decirle al conductor del vehículo que no condujera en exceso de velocidad. Dijo: «No llegué hasta este punto para morir en la carretera. Conduzca con cuidado».

Recuerdo leer esa historia y pensar: «¿Él hizo qué? ¿Cómo pudo este hombre cortarse una pierna? Yo me hubiera quedado ahí debajo del árbol esperando ayuda». Pero los doctores que lo trataron luego dijeron que si no hubiera tomado esa medida tan drástica, hubiera muerto. Lo hizo para salvarse la vida.

A veces debemos dar pasos radicales y drásticos para despojarnos de cualquier cosa que nos esté haciendo un daño espiritual. Eso quizá signifique un cambio inmediato. Podrá significar pararse y decir: «Me largo de aquí». Tal vez estés en esa fiesta. Mirando esa película. Envuelto en esa relación. Viajando en ese auto. Dondequiera que estés, te das cuenta de que no debes estar ahí.

> Mas tú, oh hombre de Dios, **huye** de estas cosas.
>
> 1 TIMOTEO 6:11

Dios te está llamando la atención. Te está diciendo: «¿Qué haces aquí?». No seas necio. Levántate y lárgate. Eso no siempre es posible, pero casi siempre lo es.

¿Hay algunas relaciones o situaciones en las que tú no debes estar? ¿Te ha hablado Dios acerca de estas? Te alegrarás de tomar el tiempo para escuchar.

La invitación del Señor a su pueblo

Huye también de las pasiones juveniles, y
sigue la justicia, la fe, el amor y la paz.

2 TIMOTEO 2:22

Con Dios en oración

Pídele que te muestre de una manera clara cualquier relación o situación de la que debes apartarte.

Muévete más allá de no huir

¿Qué medidas radicales y drásticas debes tomar para alejarte de algo que te produce una herida espiritual?

Tus reflexiones... aplicación a tu vida... tus motivos de oración...

APROVECHA EL DÍA

¿Qué clase de personas quiere Dios usar? Encontramos el mismo patrón en toda las Escrituras: Las personas que Dios usaba eran fieles en lo que Él ponía delante de ellas. Las personas que Dios usaba para las cosas grandes eran personas que habían sido fieles en las cosas pequeñas.

Quizá has pensado dedicar tu vida al servicio cristiano algún día, tal vez en otra nación. Ese es un anhelo bueno y noble. Pero ¿qué de servir al Señor dondequiera que estés ahora mismo? ¿Por qué no aprovechar las oportunidades que te rodean hoy mismo?

> Porque los **ojos** de Jehová contemplan toda la tierra, para mostrar su **poder** a favor de los que tienen corazón perfecto para con él.
>
> 2 CRÓNICAS 16:9

Antes que David derrotara a Goliat, llevaba a cabo una diligencia para su padre, la de llevarles comida a sus hermanos en la primera línea. Pero como él fue fiel en las cosas pequeñas, Dios le dio más. Sabemos que cuando Dios llamó a Gedeón a guiar a Israel, Gedeón trillaba trigo. Cuando Elías llamó a Eliseo al servicio del Señor, Eliseo se dedicaba a arar un campo. Cuando Jesús llamó a Pedro y a Juan a ser pescadores de hombres, ellos remendaban sus redes. Ni uno de ellos estaba sentado en meditación: «¿Me pregunto si Dios hará algo en mi vida?». Estaban ocupados con el trabajo que tenían al alcance de la mano.

Mientras nos dedicamos a buscar oportunidades lejanas, podemos perder las que están justo frente a nosotros.

¿Estás sirviendo al Señor en este momento en lo que Él te ha llamado a hacer? Sé fiel en eso. Hazlo bien. Hazlo para el Señor. Quizá te parezca que tus esfuerzos quedan desapercibidos, pero hay Alguien que todo lo ve. Y algún día Él te dará un galardón en público.

La invitación del Señor a su pueblo

Ahora, pues, temed a Jehová, y servidle con integridad y en verdad... servid a Jehová.

JOSUÉ 24:14

Con Dios en oración

Pídele a Dios que abra tus ojos al gozo y al privilegio de servirle en tus responsabilidades y situaciones cotidianas.

Muévete más allá de perderte las oportunidades divinas de hoy

¿Qué debes hacer hoy para asegurarte de que eres fiel en el servicio al Señor?

Tus reflexiones... aplicación a tu vida... tus motivos de oración...

DISCIPLINA DIVINA

¿Por qué es que Dios trae pruebas a nuestras vidas? ¿Será porque quiere hacernos pasar trabajo o pena? No. Es porque quiere que aprendamos. Quiere darnos madurez espiritual. Dios quiere que aprendamos a confiar en Él aun cuando no le entendamos. Quiere que tengamos paciencia con Él incluso cuando Él no obre conforme a nuestras agendas.

La Biblia dice: «El Señor al que ama, disciplina» (Hebreos 12:6). Aunque Dios te disciplinará cuando sea necesario, la palabra *disciplina* también significa «entrenar». Dios quiere enseñarte. Quiere que crezcas. Te ama tanto que traerá una serie de pruebas y lecciones a tu vida para ponerte en buena forma. Esas mismas pruebas, esas mismas dificultades y esos mismos obstáculos todos pueden ser indicadores del amor de Dios por ti.

> Bienaventurado el varón que **soporta** la tentación; porque cuando haya resistido la prueba, recibirá la **corona** de vida, que Dios ha prometido a los que le **aman**.
>
> SANTIAGO 1:12

Cuando comienzas a propasarte y hacer algo que no debes hacer, el Espíritu Santo de Dios estará ahí para reprobarlo. Cuando tratas de hacer algo que sabes que es malo y Dios te pone un obstáculo en el camino, es porque Él te ama.

Lo que te debe preocupar son los momentos en que haces cosas que sabes que son malas, pero no sientes remordimiento alguno. Pero cuando tú sabes que algo es malo y luchas contra ello, eso muestra que eres un hijo de Dios, y Él te ama lo suficiente para mostrarte cuando te estás descarriando.

En vez de ver la disciplina de Dios como un entrometimiento en tu vida, acéptela. Y sé agradecido de que Él cuida de ti.

La invitación del Señor a su pueblo

No menosprecies, hijo mío, el castigo de Jehová, ni
te fatigues de su corrección; Porque Jehová al que
ama castiga, como el padre al hijo a quien quiere.

PROVERBIOS 3:11-12

Con Dios en oración

Expresa tu gratitud por la disciplina que Él trae a tu vida.

Muévete más allá del resentimiento por la disciplina de Dios

¿De qué te ha protegido Dios de manera obvia a través de la
disciplina que ha traído a tu vida? Sé consciente de tales cosas, y
agradécele por el cuidado constante del Padre.

Tus reflexiones... aplicación a tu vida... tus motivos de oración...

LA TRAMPA DE
LA TENTACIÓN

Justo después de que yo me hiciera cristiano, otros creyentes me advirtieron:

—Greg, ten cuidado. Hay un diablo que te tentará.

—Claro. Un diablo —fue mi contestación. Pensé en la figura roja con el tridente y los cuernos.

—No, el diablo es real. Es un verdadero poder espiritual, y te tentará —dijeron ellos.

Les respondí:

—No fastidien. Él a mí no me va a tentar.

Estaba en la escuela secundaria para ese tiempo, y había una cierta chica en mi clase de arte que me tenía medio enamorado. No me había atrevido a hablar con ella. Yo estaba sentado en la clase un día, como un cristiano nuevo, y de repente ella se me acercó y me dijo: «Hola. ¿Cómo te llamas?». Ya llevábamos meses en la misma clase, y jamás siquiera había reconocido mi existencia.

Le dije mi nombre. Ella respondió: «Sabes, eres algo atractivo. Voy a las montañas este fin de semana. ¿Por qué no vienes conmigo? Tenemos que conocernos mejor».

Pensé: *De esto es lo que me habían hablado. ¡Es una tentación!*

No acepté la invitación, pues me di cuenta de que había algo detrás de eso. Pensé: *No soy un idiota. Ninguna muchacha jamás se me ha acercado a decirme algo semejante. Esto es una trampa.*

Si os armáis **delante** del Señor para la guerra.
NÚMEROS 32:20, LBLA

Esa experiencia me hizo desear seguir al Señor aun más, porque vi la realidad del mundo espiritual comenzar a desenvolverse. Recuerda, el diablo quiere evitar que llegues a Cristo. Y una vez que llegues a Él, el diablo va a querer estorbar tu progreso.

La invitación del Señor a su pueblo

Someteos, pues, a Dios; resistid al diablo, y huirá de vosotros.

Santiago 4:7

Con Dios en oración

Dale gracias y alábale por su poder sobre todas las fuerzas del mal que alguna vez puedan atacarte.

Muévete más allá de quedar atrapado por la tentación

¿Qué has aprendido sobre la realidad de la oposición espiritual y la guerra espiritual? En esta área, ¿cuáles son las cosas más importantes que hay que tener en mente para poder resistir con éxito la tentación?

Tus reflexiones... aplicación a tu vida... tus motivos de oración...

BAJAS ESPIRITUALES

Es obvio que estamos viviendo en los últimos días. En todo nuestro derredor vemos que se cumplen delante de nuestros ojos las señales que Jesús y los profetas nos dijeron que esperáramos. La Biblia nos advierte que en los últimos días las cosas irán de mal en peor (véase 2 Timoteo 3:1-13). Las Escrituras también nos advierten que una de estas señales de los últimos días será un abandono de la fe, o sea una apostasía.

La pregunta es, ¿pudiéramos tú o yo llegar a ser unas de esas bajas espirituales? ¿Pudiéramos tú o yo alguna vez abandonar al Señor? Sin duda, la inclinación al pecado está a las claras en nosotros. Tengo el potencial de caer. Tú lo tiene también.

> Pero el Espíritu dice **claramente** que en los **postreros** tiempos algunos apostatarán de la fe, escuchando a espíritus engañadores y a **doctrinas** de demonios.
>
> 1 TIMOTEO 4:1

Es por eso que es necesario prestar una cuidadosa atención a las trampas potenciales que las Escrituras describen. Debemos estar al tanto de ciertas cosas, ya que vivimos en los últimos días. Tenemos que recordar lo que el apóstol Pablo escribió: «La noche está avanzada, y se acerca el día» (Romanos 13:12).

Este no es un tiempo para estar jugando juegos con Dios y viviendo con un compromiso a medias con Él. La única manera de sobrevivir como cristiano, y aun florecer en estos últimos días, es estar comprometido del todo con Él. De lo contrario, seremos blancos fáciles para las tácticas, estrategias y los dardos de fuego del diablo.

La invitación del Señor a su pueblo

La noche ya casi llega a su fin; el día de la salvación
amanecerá pronto. Por eso, dejen de lado sus actos
oscuros como si se quitaran ropa sucia, y pónganse
la armadura resplandeciente de la vida recta.

ROMANOS 13:12, NTV

Con Dios en oración

Lleva delante del Señor tu deseo genuino de prosperar y florecer
como cristiano.

Muévete más allá de ser una baja espiritual

¿Tienes un compromiso total con Jesucristo? Evalúa tu vida para ver
si no hay alguna área que necesitas rendir a su control.

Tus reflexiones... aplicación a tu vida... tus motivos de oración...

VIVIR EN VICTORIA

Recuerdo haber leído acerca de una de las batallas entre el general Lee y el general Grant durante la Guerra Civil Norteamericana. Lee era el líder de las fuerzas de los Estados Confederados de América y era famoso por sus brillantes tácticas de hacer mucho con poco. No tenía la organización del ejército de los Estados Unidos ni el mismo elemento humano, pero pudo moverse de una manera eficaz y frustrar a sus enemigos en numerosas ocasiones. Sus proezas habían llegado a ser tan legendarias que los soldados de los Estados Unidos le tenían terror.

Una noche, unos soldados estadounidenses estaban de pie alrededor de una fogata y hablaban del general Lee. Decían: «¿Qué pasa si el general Lee hace esto? ¿Qué vamos a hacer?».

El general Grant estaba parado a unos metros de ahí. Se acercó a ellos y les dijo: «De la forma que ustedes, muchachos, hablan, uno se imaginaría que el general Lee va a dar una voltereta y caer de pie en el centro de nuestro campamento. Dejen de hablar de lo que él va a hacer y dejen que él se preocupe por lo que vamos a hacer nosotros».

> **Vendrá** el enemigo como río, mas el Espíritu de Jehová levantará **bandera** contra él.
>
> ISAÍAS 59:19

A veces veo que lo mismo ocurre en la Iglesia: «Oh, el diablo está haciendo esto; el diablo está haciendo lo otro. ¿Ya se enteró de la cosa mala que sucedió?».

Creo que debemos dejar de concentrarnos tanto en lo que el diablo está haciendo y dejar de preocuparnos tanto por lo que va a hacer y más bien dejar que él se preocupe por lo que nosotros los cristianos vamos a hacer.

En vez de temblar del miedo por lo que el diablo hace, podemos regocijarnos en el poder que Dios nos ha dado para vivir en victoria y con eficacia para Él.

La invitación del Señor a su pueblo

Regocijaos en el Señor siempre. Otra vez digo: ¡Regocijaos!

FILIPENSES 4:4

Con Dios en oración

Regocíjate en el poder que Él te ha dado para vivir en victoria y con eficacia para el Señor Jesucristo.

Muévete más allá de concentrarte demasiado en el diablo

¿En qué situaciones o circunstancias estás más tentado a darle demasiado énfasis al diablo? ¿Cómo puedes evitar esta tentación?

Tus reflexiones... aplicación a tu vida... tus motivos de oración...

LAS PEQUEÑAS COSAS

Cuando era niño, coleccionaba serpientes. Creía que eran maravillosas, y las tenía de todos los colores y tamaños.

Conocí a un hombre que coleccionaba serpientes venenosas y había trabajado en un zoológico. De veras lo admiraba. Lo había mordido una serpiente tigre, que es la serpiente terrestre más venenosa sobre la tierra, incluso peor que la cobra. Este hombre sobrevivió la mordedura de serpiente porque había recibido un suero que le había inmunizado al veneno de la serpiente. Como resultado, este hombre creía en esencia que era indestructible, que ninguna serpiente lo iba a tumbar. De hecho tenía cobras a las que no les habían quitado los colmillos y que se deslizaban libres por su casa.

Un día en su casa lo mordió una cobra y él no se dio cuenta hasta después que su pierna se comenzó a hinchar. Lo llevaron de prisa al hospital donde se murió. Este hombre creía que porque había sobrevivido la mordida de una serpiente tigre no se tenía que preocupar por las cobras. Esta suposición fue la causa de su ruina.

> ¿No se dan cuenta de que uno se convierte en **esclavo** de todo lo que decide **obedecer**? Uno puede ser esclavo del pecado, lo cual lleva a la muerte, o puede **decidir** obedecer a Dios, lo cual lleva a una **vida** recta.
>
> ROMANOS 6:16, NTV

Muchas veces son las cosas pequeñas las que nos hacen caer. Algunos cristianos piensan: *Yo puedo con esto. Soy fuerte. No voy a caer jamás.* Pero debemos tener cuidado. Cuando nos sintamos más seguros en nosotros mismos, cuando pensemos que nuestra vida espiritual está más fuerte, nuestra doctrina es la más sana y nuestra moralidad la más pura, debemos estar más en guardia y más dependientes del Señor.

A veces el cristiano débil corre menos peligro que el más fuerte, porque nuestras virtudes más sólidas pueden convertirse en nuestras mayores vulnerabilidades.

La invitación del Señor a su pueblo

Tomad toda la armadura de Dios, para que podáis resistir en el día malo, y habiendo acabado todo, estar firmes.

Efesios 6:13

Con Dios en oración

Dale gracias por la forma en que Él posibilita un estilo justo de vida en la medida que dependamos por completo de su poder y protección.

Muévete más allá del exceso de confianza espiritual

¿Cuáles son las pequeñas cosas que parecen producir el impacto más dañino en tu salud y vida espiritual? ¿Qué estrategia puedes seguir para aminorar ese impacto?

Tus reflexiones... aplicación a tu vida... tus motivos de oración...

TOMAR LA CRUZ

A veces decimos: «Todos tenemos una cruz que llevar. Mi cruz es mi supervisor en el trabajo», o «Mi cruz es mi problema de salud», o «Mi cruz es un cierto pariente con el cual no me llevo».

Cuando decimos eso, hemos perdido el significado de la Cruz. Si vivieras en la Jerusalén del primer siglo y vieras a alguien rodeado de soldados romanos que llevaba una cruz por la calle, no habría duda alguna en tu mente en cuanto a dónde esa persona se dirigía. Sabrías que lo iban a llevar a las afueras de la ciudad, colocarlo en una cruz y crucificarlo. Alguien que llevaba una cruz era alguien que iba a morir. Por lo que, cuando Jesús dijo: «Si alguno quiere venir en pos de mí, niéguese a sí mismo, y tome su cruz, y sígame» (Marcos 8:34), sus discípulos entendieron lo que Él quería decir.

> Los que son de Cristo han **crucificado** la carne con sus **pasiones** y deseos.
>
> GÁLATAS 5:24

Tomar la cruz quiere decir morir a uno mismo y desear la voluntad de Dios más que la de uno mismo. No significa que tu vida se haya arruinado cuando decidiste caminar con Dios. Lo que sí significa es que ahora tendrás vida, y vida en abundancia, así como prometió Jesús, porque vas a desear la voluntad de Dios más que la tuya. Jesús dijo: «Todo el que quiera salvar su vida, la perderá; y todo el que pierda su vida por causa de mí y del evangelio, la salvará» (Marcos 8:35).

¿Has tomado tu cruz y sigues a Jesús? Llevar la cruz influirá en cada aspecto de tu vida. El resultado será una vida conforme al diseño original... en la perfecta voluntad de Dios.

La invitación del Señor a su pueblo

Si alguno quiere venir en pos de mí, niéguese
a sí mismo, y tome su cruz, y sígame.

JESÚS, EN MARCOS 8:34

Con Dios en oración

Responde a esta pregunta con sinceridad delante de Dios: ¿Estás
tomando tu cruz y siguiendo a Jesús?

Muévete más allá de una perspectiva incorrecta de llevar la cruz

¿Qué significa llevar la cruz para tu vida en específico? Si no estás
seguro, pídele al Señor que te lo aclare.

Tus reflexiones... aplicación a tu vida... tus motivos de oración...

NO HAY UN REGALO MÁS GRANDE

Algunos de los regalos más preciosos tienden a no llamar nuestra atención al principio. Miramos muy de prisa y no vemos nada significativo. Pero si volvemos atrás a dar otra mirada, comenzamos a descubrir la gloria y la maravilla de ese regalo.

Fue así con Cristo cuando vino a la tierra como un indefenso bebé en un pesebre: Era el hijo unigénito de Dios. Las palabras no pueden describirlo por completo, como dijo Pablo en 2 Corintios: «¡Gracias a Dios por su don inefable!» (2 Corintios 9:15). Ni Dios pudiera dar un regalo mayor que lo que ha dado. Dio a su Hijo amado. Envió al mundo aquel que había estado con Él desde toda la eternidad y lo sacrificó.

Nuestro Señor mismo habló de un acto sacrificial en su parábola del dueño de la viña [la parábola de los labradores malvados]. El dueño, que tenía siervos poco dignos que cuidaban de su propiedad, envió a sus representantes y siervos a la viña. Uno tras otro fue maltratado e incluso muerto. Entonces el dueño pensó: «Si envío a mi hijo, no le harán esto. Seguro que respetarán a mi hijo. No hay nada que hacer después de esto. Es la última acción» (véase Mateo 21:33-46).

Toda buena dádiva y todo don **perfecto** descienden de lo alto, del **Padre de las luces**, en el cual no hay mudanza, ni sombra de variación.

SANTIAGO 1:17

Hebreos 1:1 nos dice como Dios envió a muchos siervos al mundo y a la nación de Israel. Dios le ha dado al mundo muchos hombres y mujeres eminentes. Pero los sobrepasó a todos al dar a su Hijo.

Esto nos debe llenar la mente y el corazón de asombro. Dios ha hecho algo que ni Él mismo puede superar. Nos dio a su Hijo unigénito, su Hijo eterno, y lo envió al mundo.

La invitación del Señor a su pueblo

Arrepentíos, y creed en el evangelio.

JESÚS EN MARCOS 1:15

Con Dios en oración

Expresa tu agradecimiento a Él por su regalo mayor.

Muévete más allá de apreciar muy poco el regalo mayor de Dios

¿Qué clase de cosas son más propensas a impedir que tú estés agradecido por el regalo de Dios, su Hijo?

Tus reflexiones... aplicación a tu vida... tus motivos de oración...

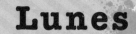

REGALOS PARA DIOS

He descubierto cuán cierto es que dar es mejor que recibir. Si tú eres como yo, no ves la hora de dar tus regalos. Cuando consigues algo para otra persona, quieres ver el gozo que él o ella siente al recibirlo.

Los magos del Oriente le llevaron regalos a Jesús: oro, incienso y mirra. ¿Qué clase de regalos eran esos para un niño? La mirra, después de todo, es un elemento para embalsamar. ¿Por qué dar un elemento para embalsamar a un bebé? Creo que aquellos magos tenían una idea de quién era Jesús. Le dieron oro porque reconocían que era un regalo apropiado para un rey. Le dieron incienso porque eso era lo que usaba un sumo sacerdote cuando entraba al templo para representar al pueblo delante de Dios. Le dieron mirra en reconocimiento de que este rey y sumo sacerdote moriría por el mundo.

Su **estrella** hemos visto en el oriente, y venimos a **adorarle**.

MATEO 2:2

¿Qué le podemos dar a Dios? ¿Qué se le da a Dios, que lo tiene todo? ¿Qué quiere Dios de nosotros? Él quiere nuestra vida.

El mayor regalo que le puedes dar a Dios es tú mismo. El mayor regalo que le puedes hacer a Dios es dar un paso hacia delante en el futuro y decir: *Señor, te entrego mi vida. Te entrego mis talentos. Te entrego mis habilidades. Te entrego mis sueños. Te entrego mi futuro. Te entrego mis debilidades. Me ofrezco a ti. Este es mi regalo para ti.*

Seamos como aquellos magos y adorémosle y démosle a Él. Te sentirás contento por haberlo hecho, porque nadie puede dar más que Dios.

La invitación del Señor a su pueblo

Venid, adoremos y postrémonos; arrodillémonos
delante de Jehová nuestro Hacedor.

SALMO 95:6

Con Dios en oración

De una manera nueva y fresca, ofrécele por completo tu vida a Él.
Dile: *Te entrego mis talentos. Te entrego mis habilidades. Te entrego mis
sueños. Te entrego mi futuro. Te entrego mis debilidades. Me ofrezco a ti.*

Muévete más allá de impedir una entrega completa a Dios

¿Qué es lo que más impide que te entregues por completo a Dios?
¿Cómo puedes progresar en estar más disponible a Él con toda tu
vida?

Tus reflexiones... aplicación a tu vida... tus motivos de oración...

DAR LO MEJOR
DE NOSOTROS

Un granjero conocido por su frugalidad tenía una vaca que había parido dos terneros. Le dijo a su esposa: «Voy a dedicar uno de esos terneros al Señor».

Conociendo cuán tacaño era, a ella le sorprendió mucho esto. Le preguntó cuál pensaba entregarle al Señor.

«No he decidido todavía», le respondió, «pero te lo dejaré saber».

Pasaron unos pocos días, y de nuevo ella le preguntó cuál ternero pensaba darle al Señor.

«Todavía lo estoy pensando», le dijo.

Entonces un día se enfermó uno de los terneros. Su condición siguió empeorando hasta una noche en que el granjero se acercó al portal con el ternero en sus brazos. Le dijo a su esposa: «Mi amor, tengo malas noticias. Se murió el ternero del Señor».

Muchas veces tendemos a darle a Dios lo que en realidad no queremos. Piensa en un día típico. ¿Qué lugar le damos a las cosas de Dios? A lo mejor pronunciamos una breve oración al levantarnos de la cama u ofrecemos unas palabras apuradas de agradecimiento antes del desayuno. Entonces salimos corriendo a nuestras responsabilidades. Al final del día, decimos: «Le daré a Dios estos últimos minutos mientras me quedo dormido».

> ¿Qué **pagaré** a Jehová por todos sus **beneficios** para conmigo?
>
> Salmo 116:12

¿Si Dios es importante, por qué solo le damos las sobras? Dios no quiere nuestras sobras. Él le dijo una vez a su pueblo:

Y decís: ¿En qué hemos menospreciado tu nombre?
En que ofrecéis sobre mi altar pan inmundo. Y
dijisteis: ¿En qué te hemos deshonrado? En que
pensáis que la mesa de Jehová es despreciable.

MALAQUÍAS 1:6-7

Dios nos dio su mejor regalo. Démosle nosotros el nuestro.

_____

La invitación del Señor a su pueblo

Ofreced sacrificios de justicia, y confiad en Jehová.

SALMO 4:5

_____

Con *Dios en oración*

Alábale por la verdad de que Él merece lo mejor que le podamos
dar.

Muévete más allá de darle a Dios menos que lo mejor

De una forma práctica, ¿qué significa en realidad darle a Dios lo
mejor?

Tus reflexiones... aplicación a tu vida... tus motivos de oración...

LO MÁS INTELIGENTE QUE SE PUEDE HACER

¿De quién eres esclavo? Quizá creas que eres tu propio dueño, el maestro de tu propio destino. Pero en realidad, cada uno de nosotros se rinde o entrega a algo o alguien. Todos somos esclavos de alguien o algo.

Yo quiero ser un esclavo de Dios.

> ¿No **sabéis** que si os sometéis a alguien como esclavos para obedecerle, sois **esclavos** de aquel a quien **obedecéis**, sea del pecado para muerte, o sea de la obediencia para **justicia**?
>
> ROMANOS 6:16

El apóstol Pablo le escribió a los creyentes: «Mas ahora que habéis sido libertados del pecado y hechos siervos de Dios, tenéis por vuestro fruto la santificación, y como fin, la vida eterna» (Romanos 6:22). Esta palabra *siervos* se traduce de una palabra griega que se hubiera entendido con facilidad en esa cultura. Se refiere a un esclavo al que se ha comprado de la plataforma de subasta y se le ha concedido la libertad. En otras palabras, el amo compraba al esclavo y lo ponía en libertad. Los esclavos que se sentían tan agradecidos a sus amos por ese gesto tan compasivo y que querían servirles de manera voluntaria, se convertían en siervos-esclavos, lo que quería decir un esclavo voluntario.

El esclavo agradecido no era esclavo porque le pagaran, ni por temor, sino por elección: un siervo amoroso. Eso es lo que Pablo dijo que él mismo era, y eso es lo que nosotros debemos ser también.

¿De quién eres esclavo? Eres esclavo de Dios o del pecado. Tú decides. Puedes rendirte al pecado y pagar el precio y vivir una vida miserable, o puedes entregarte a Dios, darle tus dones, tu tiempo y tu futuro, y vivir la vida al máximo.

Es lo más inteligente que se puede hacer.

La invitación del Señor a su pueblo

Libertados del pecado, vinisteis a ser siervos de la justicia [...] ahora para santificación presentad vuestros miembros para servir a la justicia.

ROMANOS 6:18-19

Con Dios en oración

Ven delante de su trono y toma la decisión de ser su esclavo de por vida.

Muévete más allá de la necedad de no rendirte a Dios

¿Qué te viene a la mente cuando piensas en ser esclavo de Dios?

Tus reflexiones... aplicación a tu vida... tus motivos de oración...

¿CONFORMADOS O TRANSFORMADOS?

Una bandada de gansos salvajes volaba hacia el sur para pasar el invierno, cuando un ganso miró hacia abajo y observó un grupo de gansos domesticados junto a un pequeño estanque cerca de una granja. Vio que tenían abundancia de granos para comer. La vida parecía bastante agradable para ellos. Así que voló hacia abajo y pasó un tiempo con los gansos hasta la primavera y disfrutó de la comida ahí. Decidió que se reincorporaría a su grupo de gansos cuando regresaran al norte.

Cuando llegó la primavera, oyó a los gansos salvajes en lo alto y voló para unirse a ellos, pero se había puesto un poco gordo debido a la cantidad de granos que había comido. Le costaba trabajo volar, así que decidió quedarse una estación más en la granja y reincorporarse al grupo de gansos en la próxima migración del invierno.

Cuando los gansos volaban hacia el sur el siguiente otoño, el ganso agitó las alas un poco, pero siguió comiendo sus granos. Sencillamente había perdido su interés en reunirse con los demás.

> Lo malo de este mundo y de todo lo que **ofrece**, está por acabarse. En cambio, el que hace lo que Dios manda vive **para siempre**.
>
> 1 JUAN 2:17, TLA

Eso es lo que sucede en el proceso sutil de la influencia del mundo en nuestra vida. No es algo dramático por necesidad, ni ocurre de la noche a la mañana. Es gradual, que causa desgaste en nuestras vidas cuando comenzamos a bajar nuestras normas. Pronto las cosas de Dios nos parecen menos atractivas, y las cosas de este mundo lucen más atractivas. Después de un tiempo, ya no tenemos interés alguno en las cosas de Dios.

Tenemos una elección: nos conformamos a este mundo, o nos dejamos transformar por la renovación de nuestro entendimiento. Es lo uno o lo otro. La única pregunta es: ¿qué vas a escoger tú?

La invitación del Señor a su pueblo

No os conforméis a este siglo, sino transformaos por medio de la renovación de vuestro entendimiento, para que comprobéis cuál sea la buena voluntad de Dios, agradable y perfecta.

ROMANOS 12:2

Con Dios en oración

Déjale saber tu deseo de que Él renueve tu mente y transforme tu manera de pensar.

Muévete más allá de la conformidad al mundo

¿Cuáles viejas maneras de pensar debe desechar?

Tus reflexiones... aplicación a tu vida... tus motivos de oración...

LA DESTRUCCIÓN DISFRAZADA

Una de las primeras cosas que recuerdo que tuvo lugar cuando entregué mi vida a Jesucristo fue la erosión de mi amargura e ira. Quedaron reemplazadas por un creciente amor que nunca antes había conocido. Años de resentimiento que se habían ido acumulando comenzaron a derretirse.

Si decimos ser seguidores de Cristo y albergamos amargura u odio en nuestro corazón hacia alguien, andamos muy mal por dentro.

Juan tenía bien claro lo que quería decir cuando escribió:

> Si alguno dice: Yo amo a Dios, y aborrece a su hermano, es mentiroso. Pues el que no ama a su hermano a quien ha visto, ¿cómo puede amar a Dios a quien no ha visto?
>
> 1 JUAN 4:20

Juan dice que si albergamos odio en nuestro corazón por otros miembros del cuerpo de Cristo, por otros cristianos, algo anda mal en nuestra vida espiritual.

> Amados, **amémonos** unos a otros; porque el amor es de Dios. Todo aquel que ama, es **nacido** de Dios, y conoce a Dios.
>
> 1 JUAN 4:7

Tal vez alguien te haya agraviado o herido. Aun así debes amar. Debes perdonar. No debes vengarte. Este es el por qué: esa amargura y odio te harán más daño a ti que a la otra persona hacia la cuál tú diriges esa emoción. Te comerá por dentro. Destruirá tu vida. Dificultará tu tiempo de oración con Dios. Impedirá tu adoración. Para todos los efectos prácticos, actuará como un obstáculo en la relación que Dios quiere tener contigo.

No hay lugar para el odio en el corazón de un hijo de Dios. No hay lugar para la amargura. No hay lugar para el prejuicio. Dios quiere que nuestro amor sea sincero, y quiere que sea sin hipocresía.

La invitación del Señor a su pueblo

No finjan amar a los demás; ámenlos de verdad.
Aborrezcan lo malo. Aférrense a lo bueno.

ROMANOS 12:9, NTV

Con Dios en oración

Dale gracias por la pureza de su amor por ti y por establecer ese amor como la norma en tus relaciones con los demás.

Muévete más allá del daño del odio

¿Tienes alguna amargura o ira hacia otras personas la cual debes tratar delante de Dios? Si es así, hazlo de inmediato y descubre la sanidad y la paz de Dios.

Tus reflexiones... aplicación a tu vida... tus motivos de oración...

UNA OBRA EN PROCESO

Soy un artista. Me gusta dibujar y diseñar. A veces, cuando comienzo un dibujo, alguien se me acerca, mira por encima de mi hombro y no ve casi nada.

— ¿Qué va a ser eso? —me pregunta la persona.

— Espera.

— No me gusta. No se ve lo que es.

— Déjame terminarlo —le digo—. Entonces con mucho gusto te lo mostraré.

A todo artista le gusta exhibir el producto final. Pero cuando todavía es un trabajo en proceso, el crítico todavía no puede ver lo que ve el artista.

Así es como somos con Dios a veces. «Oye, Señor. ¿Qué estás haciendo aquí? ¿Qué pasa?»

> Todo lo hizo hermoso en su **tiempo**; y ha puesto **eternidad** en el corazón de ellos, sin que alcance el hombre a **entender** la obra que ha hecho **Dios** desde el principio hasta el fin.
>
> ECLESIASTÉS 3:11

Tú también eres una obra en proceso. Dios está haciendo una obra en tu vida. Cuando termine, Él te lo enseñará. Si no ha terminado todavía, ten paciencia. Dios ve el fin desde el principio. Nosotros solo vemos lo que sucede ahora, pero Dios ve lo que hará en el futuro. Es importante recordarlo.

Como Dios le dijo a la nación exiliada de Israel:

> Porque yo sé los pensamientos que tengo acerca
> de vosotros, dice Jehová, pensamientos de paz,
> y no de mal, para daros el fin que esperáis.
>
> JEREMÍAS 29:11

Para Israel, el plan de Dios significaba que estarían en Babilonia por un tiempo; a fin de cuentas, sin embargo, Dios los sacaría de ahí.

Para nosotros, solo el tiempo dirá los detalles cotidianos de lo que Dios hará con y por nosotros. Sea lo que sea, será bueno, porque Dios tiene el control de ello.

Dios tiene un plan en mente para ti. Y como he dicho muchas veces, la frase *Me equivoqué* no existe para Dios. Así que regocíjate. Dios no se equivoca. No se olvida de lo que está haciendo. Y no se olvidará de ti.

La invitación del Señor a su pueblo

> Mas tenga la paciencia su obra completa, para que seáis
> perfectos y cabales, sin que os falte cosa alguna.
>
> SANTIAGO 1:4

Con Dios en oración

Dale gracias por el futuro perfecto que Él tiene planeado para ti.

Muévete más allá de la impaciencia con Dios

¿Qué te convence de que puedes confiar plenamente en el tiempo de Dios? Si hay algo que impide que tengas esa clase de confianza en Él, confiésalo hoy a Él, arrepiéntete... y avanza en su perfecta voluntad para tu futuro.

Tus reflexiones... aplicación a tu vida... tus motivos de oración...

Índice de temas

Índice de pasajes bíblicos